Krafttraining
für
Schwimmer

Schwimmen

Beiträge zur Praxis und Theorie
herausgegeben von
Kurt Wilke

Band 1

Michael Spikermann

Krafttraining für Schwimmer

Leistungssteigerung
durch funktionelles Training

Sport Fahnemann Verlag
Bockenem

Michael Spikermann
Krafttraining für Schwimmer

Band 1 der Reihe »Schwimmen – Beiträge zur Praxis und Theorie«
herausgegeben von Kurt Wilke

Die Deutsche Bibliothek – CIP-Einheitsaufnahme

Spikermann, Michael:
Krafttraining für Schwimmer : Leistungssteigerung durch
funktionelles Training / Michael Spikermann.
Zeichn. Thomas Satori.
Orig.-Ausg., 1. Aufl. – Bockenem : Sport-Fahnemann-Verl., 1993
(Schwimmen ; Bd 1)
ISBN 3-88565-038-X
NE: GT

Originalausgabe, 1. Auflage 1993
Zeichnungen Thomas Satori
Fotos Walter Fogel
Umschlag: Albrecht Fahnemann
Copyright © 1993 Sport Fahnemann, Bockenem
Printed in Germany · Gerstenberg Druck GmbH, Hildesheim

ISBN 3-88565-038-X
Best.-Nr. 13533

Inhaltsverzeichnis

Für Susanne

Für die geduldige Unterstützung bei allen redaktionellen Problemen möchte ich mich bei Herrn Professor Kurt Wilke und Herrn Albrecht Fahnemann bedanken.
Mein Dank gilt auch dem Graphiker Thomas Satori, dessen aussagekräftige Darstellungen wesentlich zum Verständnis beitragen.

Michael Spikermann

Vorwort

Eine Fachbuchreihe über Schwimmen, macht so etwas überhaupt Sinn? Zur Beantwortung dieser Frage bedarf es vorab zweier Klärungen: Zum einen, was in diesem Zusammenhang unter Schwimmen verstanden sein soll, zum anderen, welchen Anspruch diese Reihe erheben möchte.

Unter Schwimmen soll die breite Palette der Aktivitäten im Wasser verstanden sein, die sich der menschlichen Bewegung eröffnet und noch eröffnen wird. Über die klassischen Gebiete des Sportschwimmens, des Wasserspringens, des Tauchens, des Synchronschwimmens und des Wasserballspiels hinaus lassen sich unterschiedliche Richtungen der Wassergymnastik denken, Aquajogging in Flach- und Tiefwasser, verschiedene Formen des Konditionstrainings und des Spielens im Wasser. Aber auch das Gleiten und Surfen des Körpers kommt in den Blick, wie es im Wildwasser-Splanch vorkommt. Schließlich sind da noch die Mehrkämpfe, die Schwimmen als eine ihrer Disziplinen enthalten und deshalb gesonderte schwimmerische Ausbildungskonzepte benötigen.

Aus der inhaltlichen Ausweitung des Schwimmbegriffs geht hervor, daß die Beiträge dieser Reihe nicht nur leistungssportliche Zielsetzung betreffen. Vielmehr sollen Sinngebungen wie Fitneß, Gesundheit, Geselligkeit, Wohlbefinden, Bewegungsgenuß und -herausforderung auftreten, aber stets auf ihre Umsetzung durch Bewegung im nassen Element drängen.

Die Bezeichnung PRAXIS im Titel der Reihe soll in diesem Sinn Programm darstellen: Ein Programm, das die Bewegungspraxis zwar zum zentralen Inhalt hat, sie aber innerhalb jedes Beitrags theoretisch absichert, untersucht, begründet oder wenigstens einordnet. Dies zumindest dürfte für eine Buchreihe über Schwimmen neu sein. Ob das genügend Sinn macht, um von einem breiten Publikum wohlwollend angenommen zu werden, hängt sicherlich nicht nur von der Konzeption, als vielmehr auch von deren Umsetzung in den einzelnen Beiträgen ab.

KRAFTTRAINING FÜR SCHWIMMER stellt ein zentrales Thema im Leistungssport dar. Einerseits benötigt der Schwimmer mehr Kraft, um höhere Geschwindigkeiten zu erreichen, andererseits erfordert die Ausdauer große Trainingsumfänge in submaximaler Geschwindigkeit, so daß sie der Kraftentwicklung entgegenwirkt. Die Schwierigkeit ist, den Kraftgewinn an Land so zu gestalten, daß er sich möglichst direkt und ohne großen Verlust auf das Schwimmen übertragen läßt.

Genau hier setzt Michael SPIKERMANN mit seinem Beitrag an. Um den Übertragungsverlust gering zu halten, analysiert er den Vorgang des Muskelantriebs in den Schwimmtechniken und richtet sein Krafttraining daran aus. Dabei spielt die ausgeglichene Ausbildung verschiedener Muskelgruppen eine entscheidende Rolle.

Der Autor legt seiner Methodik des Krafttrainings eine bewegungstheoretische und muskelfunktionelle Konzeption zu Grunde, die sich an wissenschaftlichen Erkenntnissen orientiert. Dies fällt ihm als promoviertem Sportwissenschaftler aus der Zusammenarbeit mit dem Fachinstitut der Universität Heidelberg nicht schwer. Daß seine Trainingsmethoden nichtsdestoweniger umsetzbar, handfest und erfolgversprechend sind, dafür bürgt die Tätigkeit als praktizierender Schwimmtrainer mit überdurchschnittlichen Athleten.

Köln, 1993
Kurt Wilke

1. Einführung in die Thematik

Kraft- und Beweglichkeitstraining ist aus dem Training des Schwimmers nicht mehr wegzudenken. Die Vielzahl der angebotenen Trainingsgeräte und die nicht enden wollende Diskussion um Trainingsmethoden führen jedoch zu Unsicherheiten bei den Trainern und Schwimmern, wenn es darum geht, sich für das eine oder das andere Gerät zu entscheiden und welche Methode wann eingesetzt werden soll.

In diesem Buch soll ein Überblick über die gebräuchlichsten Geräte gegeben und deren Vor- und Nachteile diskutiert werden. Es werden die möglichen Trainingsmethoden dargestellt, und es wird aufgezeigt, wie diese Methoden wirkungsvoll in die Trainingssaison eingeplant werden können. An dieser Stelle sei betont, daß effektives und erfolgreiches Krafttraining nicht an teure Geräte gebunden ist. Es ist viel wichtiger, die richtigen Übungen und Methoden auszuwählen und zum richtigen Zeitpunkt einzusetzen. Deshalb werden im Übungsteil immer alternative Übungen mit Kleingeräten (Zugseil, Hantel) gezeigt, die eine vergleichbare Wirkung hervorbringen können.

In Kapitel 2. wird über die Zusammenhänge von Kraft und Beweglichkeit gesprochen. Wie alle wichtigen Faktoren (z.B. Ausdauer, Technik), die eine sportliche Leistung bedingen, können auch Kraft und Beweglichkeit nicht voneinander getrennt gesehen werden. Ein gesteigertes Kraftniveau kann nur dann die Schwimmleistung positiv beeinflussen, wenn die Beweglichkeit erhalten oder - da wo es notwendig ist - gesteigert wurde.

Die Tatsache, daß alle Leistungsfaktoren sich gegenseitig beeinflussen, kann nicht deutlich genug hervorgehoben werden. Man sollte immer beachten, daß nicht der Einsatz der einen oder anderen Methode oder der Einsatz des einen oder anderen Gerätes den Erfolg oder Mißerfolg verursacht, sondern immer die korrekte Planung und Abstimmung **aller** Trainingsmethoden und -inhalte. In einem Kapitel über Planungsgesichtspunkte werden deshalb Anregungen gegeben, wie die unterschiedlichen Trainingsinhalte am besten kombiniert werden können.

Die dargestellten Übungen, Methoden und Programme werden begründet und anwendungsbezogen beschrieben. Um die Auswahl der Übungen und Methoden zu verstehen, ist es notwendig, grundlegende theoretische Informationen voranzustellen. Diese Informationen werden ergänzt durch zusätzliche Erläuterungen, die dem interessierten Leser die Möglichkeit geben, sich eingehender mit der jeweiligen Frage auseinanderzusetzen.

2. Kraft und Beweglichkeit - zwei Seiten derselben Medaille?

Ein einführendes Beispiel: Ein Schwimmer hat Schwierigkeiten, bei der Rückholphase des Delphinschwimmens seine Arme aus dem Wasser zu bringen. Die Folge hiervon ist eine ineffektive Rückholphase, da der Schwimmer seine Arme zu früh in das Wasser eintaucht und er zudem nicht in der Lage ist, sich während der Rückholphase zu entspannen.

Was ist die Ursache dieses Mangels? „Der Schwimmer ist zu unbeweglich", wird jeder sagen und ihm empfehlen, mehr Dehnübungen zu machen. Das wäre jedoch nur die halbe Wahrheit!

Um die Arme aus der Seithalte nach hinten führen (Retroversion) zu können, d.h. für die Rückholphase der Delphinarmbewegung: um die Schultern und Arme über der Wasseroberfläche nach vorne bringen zu können, muß eine entsprechende Bewegungsfreiheit im Schultergelenk vorliegen, und die Brustmuskulatur muß entsprechend dehnfähig sein. Nun zählt die Brustmuskulatur zu denjenigen Muskelgruppen, die zu Verkürzungen neigen, die Muskeln weisen im Ruhezustand oft nicht ihre „normale" Länge auf. Die Gegenspieler der Brustmuskulatur, die Schulterblattmuskeln, sind meistens abgeschwächt, also nicht stark genug, um die verkürzten Brustmuskeln zu dehnen. Selbst wenn der Schwimmer genügend Spielraum in seinem Schultergelenk hätte, könnte er diesen aus den o.g. Gründen nicht voll ausnutzen. Im Training muß also die Brustmuskulatur gedehnt werden, die Schulterblattmuskulatur muß gekräftigt werden.

Fazit: Im Training ist immer ein **Optimum zwischen Kraft und Dehnfähigkeit** derjenigen Muskeln, die an den Schwimmbewegungen beteiligt sind, und der (Dehn-)Kraft ihrer Gegenspieler anzustreben.

Damit wird auch ein Gesichtspunkt von **„Funktionalität"** im Zusammenhang mit Training deutlich: Funktionalität im Sinne der Beachtung des Gelenks, seiner umgebenden Muskeln und der diese Muskeln versorgenden Nerven in ihrer Einheit (oder Funktion/Mitwirkung).

In der Trainingslehre wird dieser Sichtweise auch bezüglich anderer Fähigkeiten wie z.B. der Ausdauer dadurch entsprochen, daß Training **nicht** als die Summe der durchzuführenden Trainingsinhalte verstanden wird, sondern als ein **„System"**, dessen Elemente (z.B. Trainingsinhalte, -umfänge, -intensitäten u.v.m.) sich gegenseitig beeinflussen. Die trainingsbedingte Veränderung einer Fähigkeit des Sportlers (z.B. der Kraft) wird immer auch Veränderungen anderer Bewegungsanteile (z.B. bestimmte Merkmale der Technik) nach sich ziehen.

Bei der **Planung des Trainings** muß ein Trainingsinhalt also nicht nur bezüglich seines Umfangs und seiner Intensität bedacht werden, sondern seine Wechselwirkung mit anderen Trainingsinhalten muß ebenfalls Beachtung finden.

Die sinnvolle Kombination verschiedener leistungsrelevanter Trainingsinhalte in kurzen Zeiträumen (Trainingseinheit, Wochenplan), mittleren Zeiträumen (mehrere Wochen, Trainingsetappen) und langen Zeiträumen (Saison, Trainingsjahr, mehrer Jahre) ist die entscheidende Aufgabe bei der Trainingsplanung.

Wurde der Trainingsplan mit seinen Vorgaben festgelegt, dann muß in gewissen Zeiträumen überprüft werden, ob die tatsächliche Ausprägung der trainierten Fähigkeiten auch der geplanten Ausprägung entspricht. Dieses geschieht in Form von **Trainingskontrollen**, also informellen Tests, welche die entsprechenden Fähigkeiten erfassen (mehr dazu in Kapitel 3). Die Ergebnisse der Tests ermöglichen über den Vergleich mit den geplanten Werten eine **Lenkung** des weiteren Trainings, also gegebenenfalls eine Korrektur des Trainingsplans.

Planung, Kontrolle und Lenkung des Trainigsprozesses sind demnach die Elemente der Trainingsteuerung (vgl. THIESS/SCHNABEL 1985, 168).

Damit wäre der zweite Aspekt von „Funktionalität" angesprochen, nämlich die Wirksamkeit des Trainings im Hinblick auf eine termingerechte Leistungserbringung: die Teilnahme an einem oder mehreren Hauptwettkämpfen. Hierfür muß gewährleistet sein, daß alle leistungsrelevanten Fähigkeiten ihre optimale Ausprägung mit dem Eintritt in die Wettkampfperiode erreicht haben. Zu diesem Zweck müssen die Elemente der Trainingssteuerung (Planung, Kontrolle und Lenkung) richtig eingesetzt werden.

An dieser Stelle ist es sinnvoll, einige Bemerkungen zum Begriff der **„sportmotorischen Fähigkeit"** zu machen. Sportmotorische Fähigkeiten sind Teilvoraussetzungen für komplexe sportliche Leistungen, also z.B. die Leistung in einem Schwimmwettkampf oder Triathlon. Sie sind geprägt von allgemeinen körperbaulichen Eigenschaften und Funktionen des Menschen. So ist die sportmotorische Fähigkeit der Beweglichkeit in erster Linie abhängig von den Bewegungsmöglichkeiten (Freiheitsgraden) der betreffenden Gelenke. Die sportmotorische Fähigkeit der Kraft ist u.a. abhängig vom Querschnitt der jeweils beteiligten Muskeln und von der Fähigkeit, möglichst viele Fasern dieser Muskeln einzusetzen. Es kommt nie vor, daß eine elementare körperbauliche Eigenschaft isoliert eine sportmotorische Fähigkeit bestimmt; sie bestimmt diese lediglich in erster Linie. Die sportmotorischen Fähigkeiten werden wiederum in unterschiedlichen Kombinationen für die Lösung einer Bewegungsaufgabe (z.B. die Durchführung eines Startsprunges) eingesetzt. Dieser Sachverhalt hat dazu geführt, daß in der Trainingslehre eine unüberschaubare Begriffsvielfalt herrscht, da versucht wurde, die vielfältigen Wechselwirkungen der einzelnen sportmotorischen Fähigkeiten durch ebensoviele Begriffe zu belegen, z.B. als Maximal-, Schnell-, Explosiv-, Ausdauer-, Sprung-, spezielle und allgemeine Kraft. Dies wird aber dem oben angedeuteten Sachverhalt nicht gerecht.

Jede Bewegungshandlung, sei es ein Lauf über 100 m oder über 10.000 m, ein Schwimmrennen über 50m oder das Heben eines Gewichtes, läßt sich anhand der folgenden Merkmale charakterisieren: **Belastungszeit, Größe der zu erbringenden Kraftbeträge, Bewegungsgeschwindigkeit, Bewegungsausmaß (-amplitude) und Art der Energiebereitstellung.**

Auf diese Weise wird die Zusammensetzung aus verschiedenen elementaren Eigenschaften deutlich.

Folglich erscheint es auch nicht zweckmäßig, von sportmotorischen Fähigkeiten zu sprechen, die wiederum in Abhängigkeit von der jeweiligen Sportart oder -disziplin als allgemein oder speziell bezeichnet werden, sondern von **Fähigkeitsbereichen.** Sie werden nach der überwiegend beanspruchten elementaren Eigenschaft benannt (z.B. der Fähigkeitsbereich Kraft oder der Fähigkeitsbereich Ausdauer). Weiterhin interessieren die **Fähigkeitsmerkmale,** welche die Leistung in der betreffenden Sportart oder -disziplin bestimmen und durch entsprechende Verfahren (z.B. Tests) erfaßt werden können. Die Zusammenschau der sportart- und streckenspezifisch leistungsrelevanten Fähig-

keitsmerkmale liefert das **„Anforderungsprofil"** der Sportart (mehr dazu in Kapitel 3). Berücksichtigt man das o.g., dann bedeutet **„funktionell zu trainieren"**

– die Trainingsinhalte und -Übungen unter Berücksichtigung der Organ- und Gelenkfunktionen sowie des sportartspezifischen Anforderungsprofils auszuwählen und
– das Training mit dem Ziel der termingerechten Leistungserbringung zu gestalten.

3. Das Anforderungsprofil der Sportart Schwimmen

Das Anforderungsprofil einer Sportart setzt sich aus Technik- und Fähigkeitsmerkmalen zusammen, deren Leistungsanteile theoretisch und/oder empirisch belegt werden können. Für die Sportart Schwimmen steht in diesem Zusammenhang die **Antriebserzeugung** im Mittelpunkt der Betrachtungen. Die Analyse von Technikmerkmalen und deren Begründung durch ein „momentan gültiges Antriebskonzept" (REISCHLE 1988) liefert die Basis für die Ableitung von Kraft- und Beweglichkeitsmerkmalen, die im Training angesteuert werden können.

3.1 Grundlegendes Antriebskonzept:

Für die Beobachtung einer Bewegung stehen grundsätzlich zwei **Bezugssysteme** zur Verfügung, die zu unterschiedlichen Beobachtungsergebnissen führen können. Das eine Bezugssystem ist der sich bewegende Körper des Schwimmers. Bewegungen werden hier relativ zum sich fortbewegenden Körper beurteilt (deshalb relatives Bezugssystem und relative Raumbahnen der Bewegungen):

Beim Kraulschwimmen wird beispielsweise die Hand vor dem Körper in das Wasser eingetaucht und etwa in Hüfthöhe wieder aus dem Wasser herausgenommen. Man könnte also zu dem Schluß kommen, daß die Hand mehr oder weniger gerade nach hinten gezogen wird und der Schwimmer dadurch Antrieb erzeugt.

Das andere Bezugssystem ist ein äußeres, ruhendes Bezugssytem (z.B. das ruhende Wasser oder der Beckenboden), das auch absolutes Bezugssystem genannt wird (deshalb spricht man hier auch von absoluten Raumbahnen):

Hier ergibt sich ein ganz anderes Bild, denn man stellt nun fest, daß die Hände und auch die Füße je nach Könnensstand auf der gleich Stelle eingetaucht und ausgehoben werden und nicht nach hinten, sondern seitlich und diagonal zur Fortbewegungsrichtung des Schwimmers bewegt werden.

Es drängt sich nun die Frage auf, wie es möglich ist durch Seit- und Diagonalbewegungen Antrieb zu erzeugen. Bevor diese Frage beantwortet wird, sollten die drei folgenden **Experimente** durchgeführt werden:

I. Halten Sie ein Blatt Papier an einer Oberkante zwischen Ihren Daumen und Ihren Zeigefingern, so daß das Blatt nach oben gewölbt, von Ihrem Körper weg, über Ihre beiden Hände hängt. Nun blasen Sie bitte leicht über die nach oben gewölbte Oberfäche. Was ist hierbei zu beobachten?

II. Halten Sie bei einer Autofahrt eine Hand mit geschlossenen Fingern am gestreckten Arm aus dem Fenster, so daß die Handfläche nach unten weist. Verändern Sie nun die Handhaltung indem Sie die Daumenseite leicht nach oben drehen. Was spüren Sie?

III. Nehmen Sie zwei Pull-buoys zwischen die Oberschenkel. Führen sie im Wasser mit den Armen in Schulterhöhe Ein- und Auswärtsbewegungen durch („Wriggen" - Siehe WILKE/ MADSEN 1988, 113). Was stellen Sie fest?

Die Erklärung der oben beobachteten Phänomene kann anhand eines momentan gültigen Antriebskonzepts erfolgen, welches sich aus Beobachtungen, Diskussionen und biomechanischen Untersuchungen zusammensetzt. Es liefert die Basis für die Ableitung zugehöriger Fähigkeitsmerkmale, die im Beweglichkeits- und Krafttraining verbessert werden sollen.

Grundlage für die Konstruktion des Antriebskonzepts sind die absoluten Raumbahnen der Schwimmbewegungen (vgl. Abbildung 1). Die Aufzeichnung der Raumbahnen - ebenfalls vor dem absoluten Bezugssystem - der Antriebsbewegungen beim Schwimmen mit Hilfe der Lichtspurtechnik bietet folgende Informationen:

1. Die Richtungen und Richtungsänderungen der Antriebsbewegungen werden sichtbar;

2. Die Änderungen der Geschwindigkeiten, mit der die Antriebsflächen, also die Hände, Unterarme, Füße und Unterschenkel, auf diesen Raumbahnen bewegt werden, können abgeschätzt werden;

Hierbei wird deutlich, daß die Antriebsbewegungen in erster Linie seitlich (orthogonal) bzw. diagonal zur Schwimmrichtung durchgeführt werden.

Wie kann die Antriebswirkung solcher Bewegungen erklärt werden? Die Antwort kann u.a. durch die Übertragung des **Bernoulli-Theorems** auf die Schwimmbewegungen gegeben werden. Das Bernoulli-Theorem besagt, daß mit der Zunahme der Strömungsgeschwindigkeit eine Druckabnahme einhergeht und umgekehrt. Dieses Prinzip liegt der Funktionsweise von Schiffsschrauben, Propellern und Flugzeugtragflügeln zugrunde. Wird ein Körper mit unterschiedlichen Geschwindigkeiten umströmt, entstehen

Druckdifferenzen und als Folge davon eine Kraft, die in Richtung des kleineren Drucks wirkt. Diese Kraft wird als **hydrodynamischer Auftrieb** bezeichnet (vgl. REISCHLE 1988).

Abbildung 1: Die Abbildung zeigt die absoluten Raumbahnen der Hände projiziert auf die Transversalebene: a) beim Brustschwimmen, b) beim Rückenschwimmen, c) beim Delphinschwimmen und d) beim Kraulschwimmen. Die Fotos wurden vom Beckenboden aus aufgenommen.

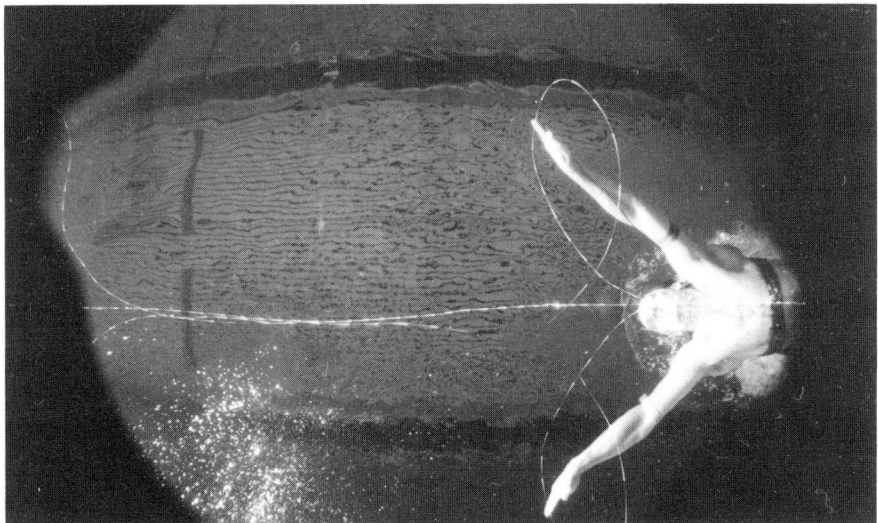

a)

b)

c)

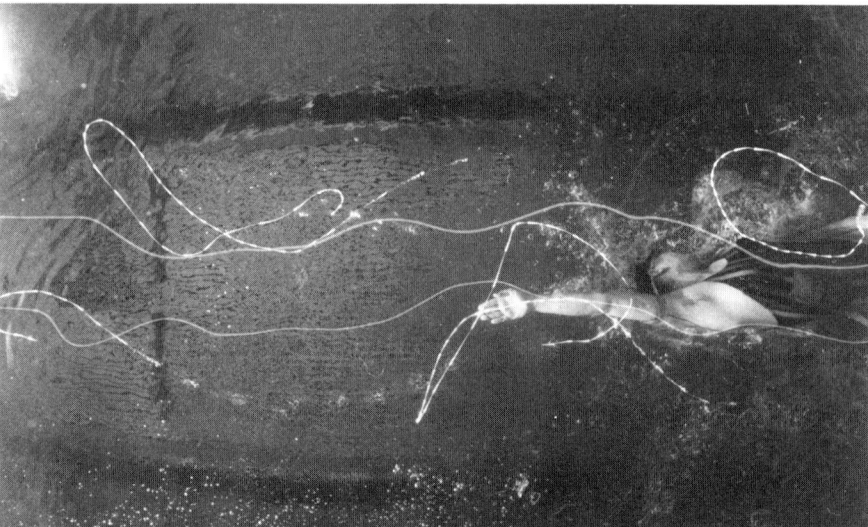

d)

Zurück zu den Experimenten: Mit Hilfe des o.g. ist es möglich, die beobachteten Phänomene zu erklären. Die schnellere Luftströmung an der Oberseite des Papiers zieht eine Druckabnahme nach sich, das Blatt hebt sich.

Das Gleiche beobachtet man bei der aus dem Autofenster gestreckten Hand. Über den gekrümmten Handrücken strömt die Luft schneller, man spürt eine Sogwirkung nach oben. Die Auftriebswirkung wird dadurch verstärkt, daß man die Daumenseite der Hand leicht anhebt. Hierbei bemerkt man, daß dieses nur bis zu einer bestimmten Winkelstellung der Hand funktioniert (**„Anstellwinkel zur Strömungsrich-** **tung"**), wird dieser Winkel überschritten, spürt man nur noch eine Kraft, die die Hand nach hinten, entgegengesetzt zur Fahrtrichtung bewegen will. Diese Kraft wird als **Strömungswiderstand** bezeichnet.

Bei dem dritten Experiment im Wasser beobachtet man schließlich, daß man sich durch reine Seitbewegungen vorantreiben kann. Auch hier liegt das gleiche Wirkungsgefüge zugrunde. Bei der Einwärtsbewegung werden die Hände über die Daumenkante angeströmt, die Strömungsgeschwindigkeit über dem Handrücken ist größer als diejenige über der Handfläche; damit wirkt der hydrodynamische Auftrieb größtenteils in

Bewegungsrichtung. Ebenso bei der Auswärtsbewegung: Die Anströmung erfolgt über die Kleinfingerkante; die Strömungsgeschwindigkeit über dem Handrücken ist ebenfalls höher als diejenige über der Handfläche.

Daß dieses Prinzip bei Schwimmbewegungen zum Tragen kommt, wurde in Untersuchungen von BARTHELS/ADRIAN 1975, FELD et al. 1978, SCHLEIHAUF 1979 und WOOD 1979 belegt. Nur ist der Begriff „hydrodynamischer Auftrieb" etwas mißverständlich, da mit Auftrieb stets die Vorstellung einer Kraft, die nach oben wirkt, verbunden wird.

Der hydrodynamische Auftrieb wirkt (siehe Experimente I-III) immer **senkrecht** zur Richtung der Anströmung. Er kann also in Abhängigkeit von der Bewegungsrichtung der Antriebsflächen (Hände, Unterarme, Füsse, Unterschenkel) im Wasser **jede Richtung** einnehmen, also auch nach vorne wirken.

Man darf jedoch nicht vergessen, daß mit Hilfe des Strömungswiderstands, der entgegengesetzt zur Bewegungsrichtung, also in Anströmrichtung wirkt, ebenfalls Antrieb erzeugt werden kann (siehe Experiment II). D.h. an den Antriebsflächen entstehen immer zwei Kräfte, die in unterschiedliche Richtungen wirken: der Widerstand in Anströmrichtung, der hydrodynamischer Auftrieb senkrecht zur Anströmrichtung. Die „resultierende Wasserkraft" (vgl. REISCHLE 1988) aus diesen beiden Kräften wird letztendlich vom Schwimmer als **Stütz** genutzt. Ob hierbei der Widerstand oder der hydrodynamische Auftrieb überwiegt, hängt von der Gestaltung der Raumbahnen durch den Schwimmer, also von dessen bewegungstechnischem Niveau ab.

Die Aufzeichnung der auf die Transversalebene (siehe Abbildung 1) projizierten Raumbahnen von Spitzenschwimmern zeigt, daß diese in erster Linie die Seitwärts- und Diagonalkomponenten zur Vortriebserzeugung nutzen. Die als Reaktion auf diese Bewegungen entstehenden Kräfte bilden den Stütz. Sie werden auf den Körper übertragen, der über die Antriebsflächen gezogen bzw. geschoben wird, ohne daß sich diese wesentlich nach hinten bewegen. Um dieses zu gewährleisten, ändert der Schwimmer während eines Zyklusses mehrmals die Bewegungsrichtung der Antriebsflächen, z.B. im S-Armzug des Kraulschwimmens.

Zusammenfassend kann man sagen, daß der gute

Schwimmer durch Seit- und Diagonalbewegungen einen Stütz erzeugt, über den hinweg er seinen Körper nach vorne zieht oder schiebt.

Nun sind nicht alle Bewegungsteile im Zyklus gleich antriebswirksam. Wie eingangs erwähnt ändert der Schwimmer mehrmals die „Zugrichtung":

– *Auswärts-Abwärts beim Brust- und Delphinschwimmen*
– *Abwärts-Auswärts beim Rücken- und Kraulschwimmen*
– *Einwärts-Aufwärts bei allen Schwimmarten*
– *Aufwärts-Auswärts-Rückwärts beim Kraul- und Delphinschimmen sowie beim Brustschwimmtauchzug*
– *Abwärts-Auswärts-Rückwärts beim Rückenschwimmen*

Entsprechend bei den Beinbewegungen:

– *Auswärts und Einwärts im Brusttbeinschlag*
– *Abwärts bzw. Aufwärts im Rücken-, Kraul- und Delphinbeinschlag*

Die Antriebswirksamkeit ist jeweils gegen Ende der einzelnen Zuganteile am höchsten, sie nimmt während des Übergangs von einem Anteil zum anderen, z.B. vom Auswärts-Abwärts-Anteil zum Einwärts-Aufwärts-Anteil, mehr oder weniger stark ab. Dieses kann durch Messungen aussagekräftiger Meßgrößen wie Geschwindigkeit, Druck oder Kraft belegt werden. Die Abbildungen 2 bis 5 zeigen typische Geschwindigkeitsprofile: Veränderung der Geschwindigkeit eines Hüftpunktes innerhalb eines Zyklusses.

Deutlich ist zu erkennen, daß die Anzahl der Geschwindigkeitsmaxima der Anzahl der antriebswirksamen Bewegungsanteile in der betreffenden Schwimmart entspricht. So sind bei den Gleichzugschwimmarten vier Maxima zu sehen. Brustschwimmen: Auswärts- und Einwärtsanteil der Beinbewegung sowie Auswärts-Abwärts- und Einwärts-Aufwärts-Anteil der Armbewegung. Delphin: Beinbewegung und Eintauchen der Hände, Auswärts-Abwärts-Anteil und Einwärts-Aufwärts-Anteil sowie Aufwärts-Auswärts-Rückwärts-Anteil mit Beinbewegung. In den Wechselzuschwimmarten werden die Beinbewegungen von den Armbewegungen überlagert; es sind sechs Maxima zu erkennen: Auswärts-Abwärts-, Einwärts-Aufwärts- sowie Auf-/Abwärts-Auswärts-Rückwärts pro Arm.

Aufgrund der o.g. Informationen ist es möglich, einen Zyklus (=Gesamtbewegung) in Teilbewegungen (der Arme und der Beine), in Phasen (Antriebs- und Rückholphasen) und in Phasenanteile zu unterteilen. Als Ergebnis erhält man die **„Phasenstruktur der Schwimmbewegungen"**, die in Schema 1 dargestellt ist.

Schema 1: Die von den absoluten Raumbahnen geprägte Phasenstruktur der Schwimmarten. Die Gesamtbewegung ist in Teilbewegungen, Bewegungsphasen und Phasenanteile unterteilt. Die Phasenanteile sind nach Bewegungsrichtungen auf der absoluten Raumbahn benannt.

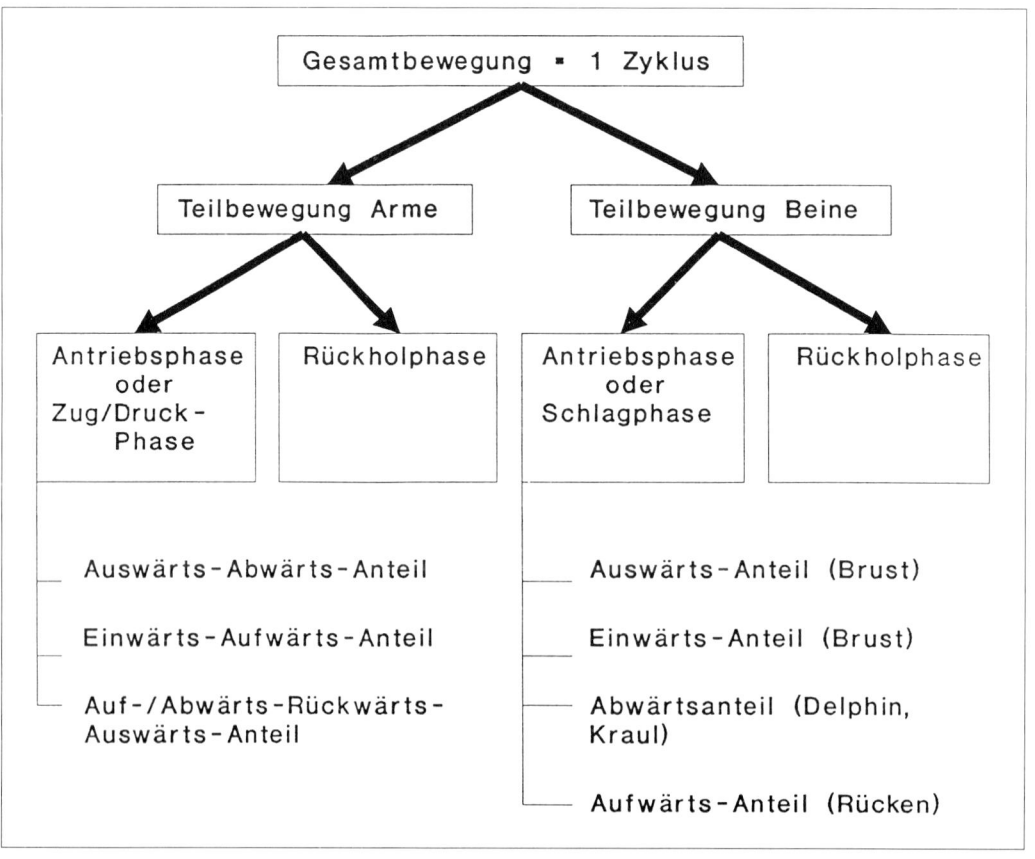

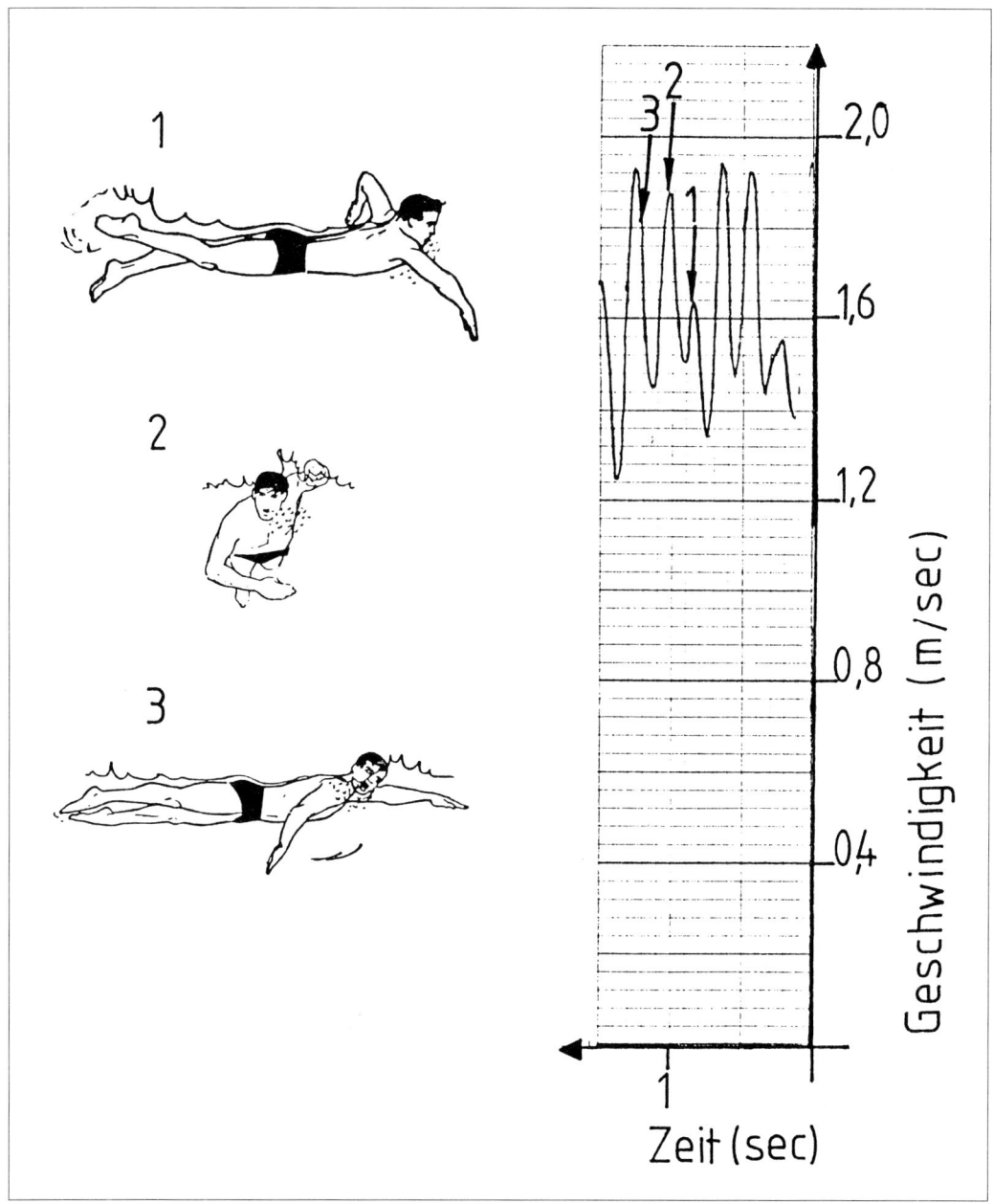

Abbildung 2: Geschwindigkeitsdiagramm Kraulschwimmen: Die Geschwindigkeitsmaxima eines Armzuges sind den Phasenanteilen zugeordnet: (1) Abwärts-Auswärts-, (2) Einwärts-Aufwärts- und (3) Aufwärts-Rückwärts-Auswärts-Anteile.

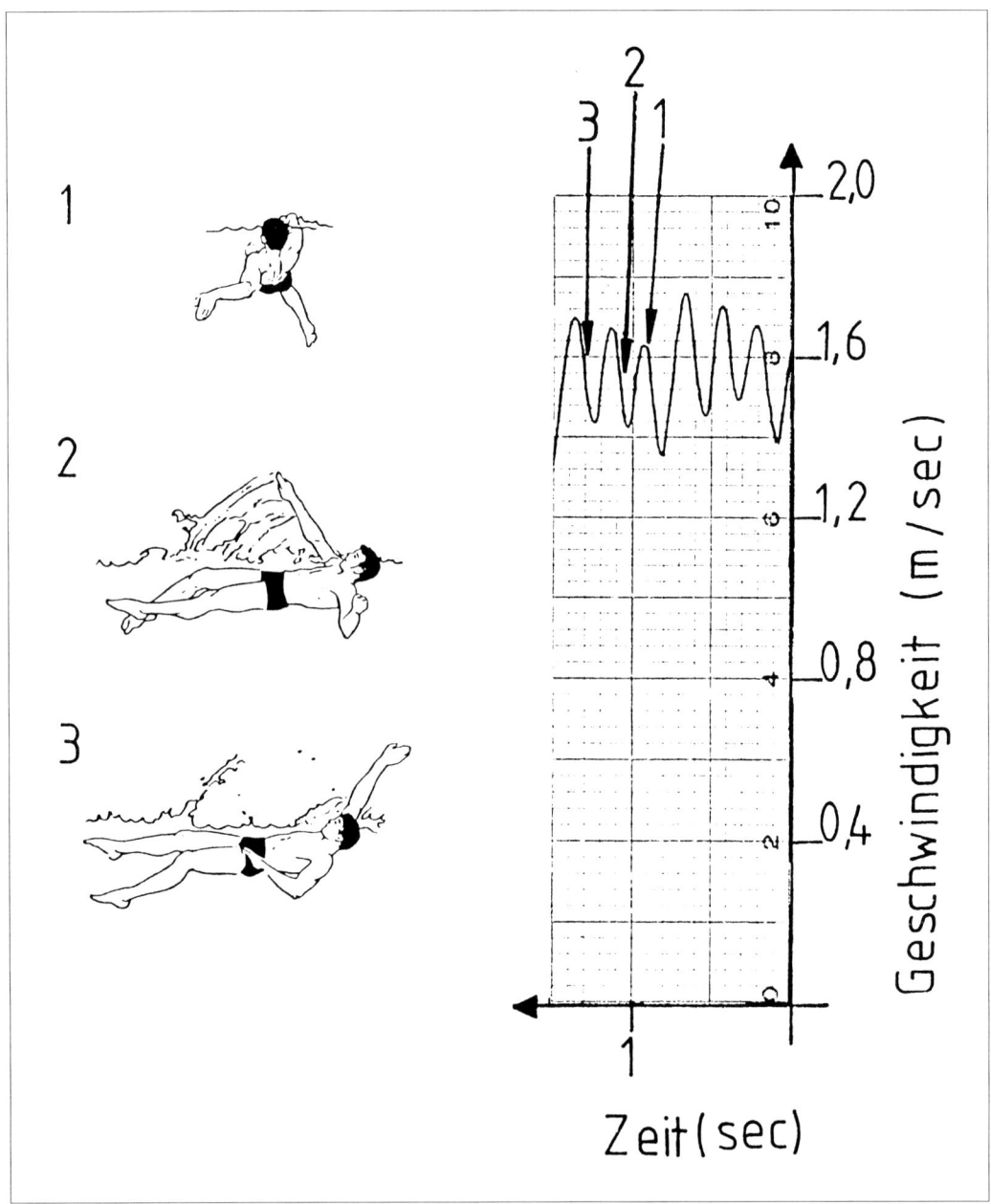

Abbildung 3: Geschwindigkeitsdiagramm Rückenschwimmen: Die Geschwindigkeitsmaxima eines Armzuges sind den Phasenanteilen zugeordnet: (1) Abwärts-Auswärts-, (2) Einwärts-Aufwärts- und (3) Abwärts-Rückwärts-Auswärts-Anteile..

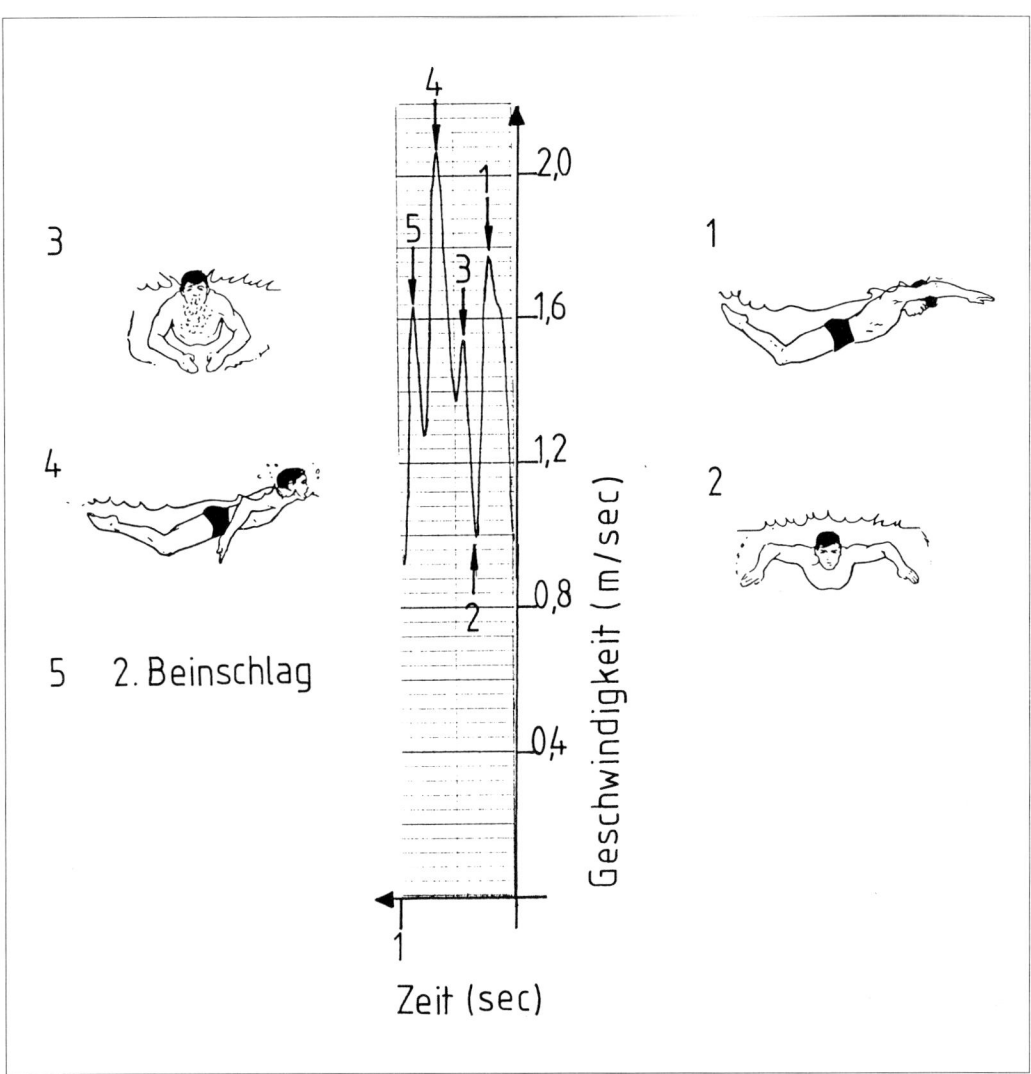

Abbildung 4: Geschwindigkeitsdiagramm Delphinschwimmen: Die Geschwindigkeitsmaxima bzw. -minima eines Zyklusses sind den Teilbewegungen bzw. den Phasenanteilen zugeordnet: (1) Erster Beinschlag und Auswärts-Abwärts-Anteil, (2) Beginn des Einwärts-Aufwärts-Anteils, (3) Ende des Einwärts-Aufwärts-Anteils, (4) Aufwärts-Rückwärts-Auswärts-Anteil und (5) zweiter Beinschlag.

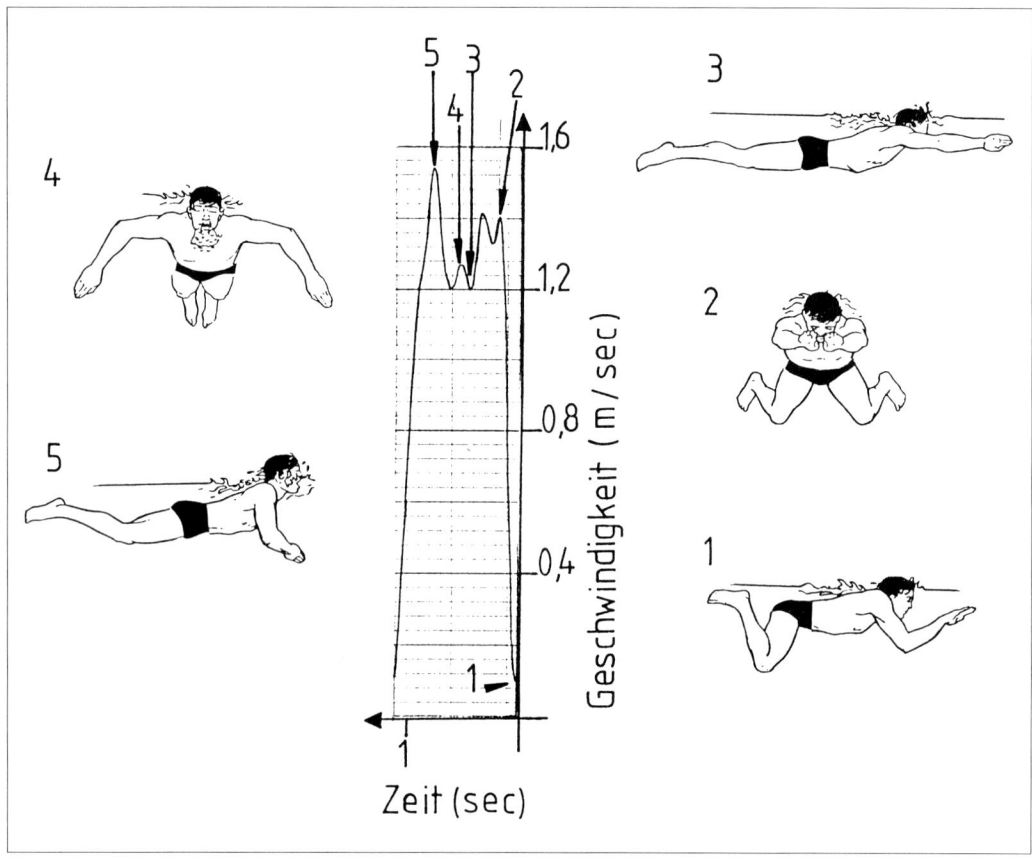

Abbildung 5: Geschwindigkeitsdiagramm Brustschwimmen: Die Geschwindigkeitsmaxima bzw. -minima eines Zyklusses sind den Teilbewegungen bzw. den Phasenanteilen zugeordnet: (1) Ende der Rückholphase der Teilbewegung Beine, (2) Auswärts-Anteil der Teilbewegung Arme, (3) Übergang von der Teilbewegung Beine auf die Teilbewegung Arme, (4) Auswärts-Abwärts-Anteil der Teilbewegung Arme und (5) Einwärts-Aufwärts-Anteil der Teilbewegung Arme.

Mit Hilfe dieses Strukturschemas ist es möglich, die jeweils beteiligten Gelenke, die Gelenkbewegungen und die für diese Bewegungen verantwortlichen Muskeln zu benennen, d.i. eine funktionell-anatomische Analyse. Das ist z.B. wichtig für die Auswahl von Übungen. Schema 2 und Abbildung 6 zeigen anhand eines Beispiels die Beschreibung, Analyse und Erklärung eines Phasenanteils.

Schema 2:
Begründung von Technikmerkmalen anhand des momentan gültigen Antriebskonzept:

Merkmalsebene:

Dreidimensionale Beschreibung des Technik-merkmals:

AUSWÄRTS-Abwärts-Anteil (Brust, Delphin)
Auswärts-ABWÄRTS-Anteil (Kraul, Rücken)

„Wasserfassen"

Konzeptebene:

Analyse der Gelenkbewegungen und der Anströmrichtung:

1. Beim „Wasserfassen": Extension und Prona-tion im Ellenbogengelenk, Innenrotation, Abduktion (über die Horizontale) und Retrover-sion (aus der Hochhalte) im Schultergelenk **(Brust, Delphin).**
S. o. mit Rotation um die Körperlängsachse gekoppelt **(Kraul).**
Retroversion (aus der Hochhalte), Abduktion (über die Horizontale) und Innenrotation im Schultergelenk, Pronation im Ellenbogengelenk sowie Rotation um die Körperlängsachse **(Rücken).**
2. Dehnung der Antriebsmuskulatur (**passiv** durch die Wasserkraft beim Brust-, Kraul- und Delphinschwimmen; **aktiv** beim Rücken-schwimmen).
Innenrotation im Schultergelenk und Flexion im Ellenbogengelenk.
Die Anströmung erfolgt über die Fingerspit-zen- und die Kleinfingerkante (Flexionsspan-nung, ulnare Abduktion im Handgelenk).

Konzeptebene:

Bewegungsverursachende Muskulatur (Funktionell-anatomische Analyse):

Retroversion (aus der Hochhalte), Abduktion (über die Horizontale) im **Schultergelenk:**
– M. deltoideus
– M. biceps brachii caput long.
– M. supraspinatus
– M. trapecius p. sup.
– M. trapecius p. int.
– M. serratus anterior
Innenrotation im **Schultergelenk:**
– M. subscapularis
– M. pectoralis major
– M. biceps brachii
ergänzt durch:
– M. teres major
– M. latissimus dorsi
Extension im **Ellenbogengelenk:**
– M. triceps brachii
Flexion im **Ellenbogengelenk:**
– M. biceps brachii
– M. brachialis
– M. brachioradialis
– M. pronator teres
- M. extensor carpi rad. long.
Flexion im **Handgelenk:**
– M. palmaris long.
– M. flexor carpi rad.
– M. flexor ulnaris
Ulnare Abduktion im **Handgelenk:**
– M. extensor carpi uln.
– M. flexor carpi uln.
Rotation um die **Körperlängsachse:**
– M. obliquus externus abd. dext.
– M. obliquus internus abd. sin.
– M. serratus anterior dexter

Konzeptebene:

Mechanische und muskelmechanische Analyse:

Muskelmechanische Analyse:
Durch die vorbereitende Dehnung der Antriebsmuskulatur unterstützen die elastischen Komponenten die Kontraktion, außerdem bewirkt die Dehnung eine Aktivierung des Alpha-Motoneuronen-Pools über die 1a-Afferenzen (Dehnungsreflex).
Mechanische Analyse:
a) Das „Wasserfassen" muß optimal langsam erfolgen, damit nicht „Zugweg" verschenkt wird, bevor der träge Körper erneut beschleunigt wird.
b) Während des „Wasserfassens" wird durch An- und Umströmung antreibende Wasserkraft an den Antriebsflächen erzeugt.
c) Durch die Innenrotation im Schultergelenk wird gewährleistet, daß die resultierende Wasserkraft während des nachfolgenden Einwärts-Aufwärts-Anteils in Schwimmrichtung weist.

Abbildung 6: Auswärts-Abwärts-Anteil der Teilbewegung Arme in der Frontal- und Sagittalebene: 1 und 5 Kraul, 2 und 6 Brust, 3 und 7 Rücken sowie 4 und 8 Delphin. Bei allen Schwimmarten ist zu erkennen, daß die Anströmung v. a. über die Kleinfingerkante erfolgt. Bild 6 zeigt deutlich die Vordehnung der Antriebsmuskulatur.

1

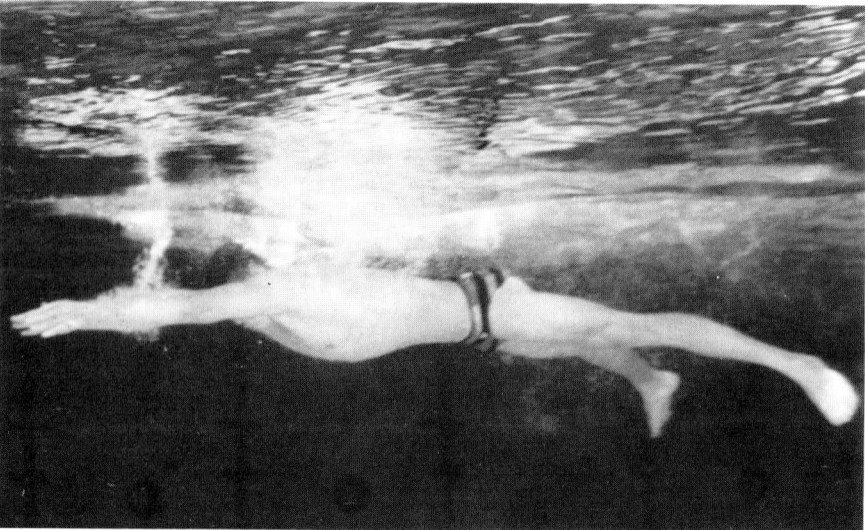

2

3

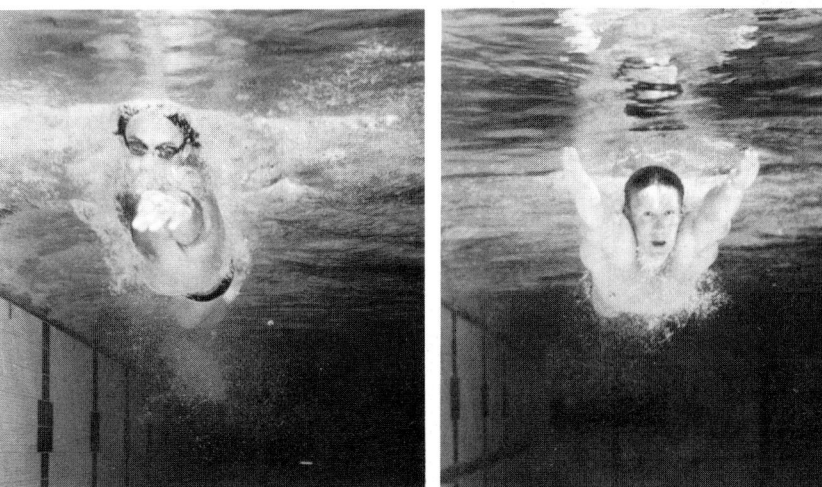

4

5 (links
6 (rechts)

7 (links)
8 (rechts)

3.2 Schwimmspezifische Anforderungen:

Ein Anforderungsprofil liefert die Zusammenschau der sportart- und streckenspezifischen
Anforderungen an konditionelle und technische
Fähigkeitsbereiche unter Berücksichtigung viel-
fältiger Wechselwirkungen vgl. Kapitel 2. Die
Konstruktion des spezifischen Anforderungsprofils erfolgt auf der Grundlage physiologi-
scher, biomechanischer und funktionell-anato-
mischer Analysen (siehe 3.1). Die physiologi-
sche Analyse der Wettkampfleistung untersucht
Aspekte der Energiebereitstellung, die biomechanische Analyse untersucht Fragen der
Antriebserzeugung und die funktionell-anatomische Analyse ermöglicht die Benennung betei-
ligter Gelenke, die Beschreibung von Gelenkbewegungen und die Bestimmung der bewegungs-
verursachenden Muskulatur.
Nach SAZIORSKI (1987) wird die Leistung in
zyklischen Sportarten wie dem Schwimmen,
bestimmt durch
– die Menge der im Körper gespeicherten che-
  mischen Energie, die im Organismus bei der
  Bewegung über eine Distanz frei wird;und
– die Fähigkeit, den größtmöglichen Teil der
  freigesetzten metabolischen Energiemenge für
  die Verrichtung einer mechanischen Leistung
  zu verwenden.
Mit anderen Worten: Will ein Schwimmer z.B.
100 m maximal schnell schwimmen, so muß er
in der hierfür benötigten Zeit möglichst viel kör-
pereigene chemische Energie, die in Form von
energiereichen Stoffen (Phosphate und Glykogen) gespeichert ist, bereitstellen und für den
Antrieb nutzen.

Eine Möglichkeit die mittlere Schwimmgeschwindigkeit über eine gegebene Strecke zu
steigern, besteht demnach in der **Steigerung der
Effizienz**, d.h. der Beziehung von aufgewandter
chemischer Energie und zustandekommender
mechanischer Leistung. Die Effizienz der
Schwimmbewegungen kann bei gegebener
metabolischer Voraussetzung - also bei einem
gegebenen speziellen Ausdauerniveau - dann
erhöht werden, wenn

– die absolute **Raumbahn** und die **Anströmwinkel** der Antriebsflächen optimiert werden;
– die Antriebsflächen mit einer entsprechenden
  Geschwindigkeit auf dieser Raumbahn
  bewegt werden;
– die **zeitliche Kopplung** der Teilbewegungen
  (Armbewegung/Beinbewegung bzw. rechter
  Arm/linker Arm) richtig ist;
– und die **Rückholphasen** so gestaltet werden,
  daß die Schwimmgeschwindigkeit möglichst
  wenig abnimmt.

Ein Ergebnis dieser Technikoptimierung ist die
Erhöhung des **Impulses pro Zyklus** bzw. die
Erhöhung der **„Impulssumme pro Zeiteinheit"**
(SCHMIDTBLEICHER 1989, 13) bei gleichem
metabolischen Energiebedarf. Die nötigen Voraussetzungen für effiziente Antriebsbewegungen sind die ausreichenden Ausprägungen
schwimmspezifischer Kraft-, Beweglichkeits-
und Ausdauermerkmale.
Für das zweckmäßige Krafttraining wird ein
spezifisches Anforderungsprofil gesucht, das die
Kraft- und Beweglichkeitsmerkmale feststellt
und Verfahren zu ihrer Erfassung und Ansteuerung durch Training bereithält.

3.3 Folgerungen für das Kraft- und Beweglichkeitstraining

Mittels der Analyse der Schwimmbewegungen ist es möglich, deren Phasenstruktur aufzudecken und funktionell-anatomisch zu analysieren. Im Schema 2 und Abbildung 6 ist exemplarisch ein Phasenanteil der Schwimmbewegungen dargestellt, die Bewegungen in den einzelnen beteiligten Gelenken und die Muskeln, welche diese Bewegungen verursachen.

Besonders wichtig für das schwimmspezifische Krafttraining ist die Vervollkommnung der Funktionen in folgenden Bewegungen:

1. Einwärtsdrehen (Innenrotation) der Oberarme im Schultergelenk: Es bewirkt entscheidend das „Hochstellen" der Ellenbogen in den Auswärts-Abwärts-Anteilen aller Schwimmarten und das quasistatische Halten des hochgestellten Ellenbogens während der Einwärts-Aufwärts-Anteile aller Schwimmarten.

2. Beugung im Ellenbogengelenk: zusammen mit der Innenrotation wichtig für den Auswärts-Abwärts-Anteil bzw. für das schnelle Einwärts-Bewegen der Arme während des Einwärts-Aufwärts-Anteils.

3. Streckung im Ellenbogengelenk: maßgeblich für den Abdruck beim Kraul-, Rücken- und Delphinschwimmen bzw. für den Abdruck beim Brust-Tauchzug.

4. Heranführen der Arme an den Oberkörper (Adduktion im Schultergelenk): Es führt die Arme schnell heran während des Rückwärts-Auf-/Abwärts-Auswärts-Anteils bei den Schwimmarten Kraul, Delphin und Rücken sowie beim Brustschwimmtauchzug. Es ermöglicht andererseits das schnelle Ziehen und Drücken des Körpers über die Antriebsflächen hinweg, die als Reaktion auf ihre Diagonal- bzw. Orthogonalbewegungen stützende Wasserkraft erzeugen (vgl.S.14).

5. Streckung im Kniegelenk: zusammen mit der Beugung der Hüfte (Rücken-, Delphin- und Kraulschwimmen) bzw. der Streckung der Hüfte (Brustschwimmen) entscheidend für die Antriebsphasen der Beinbewegungen.

6. Adduktion der Oberschenkel: wichtig für das schnelle Annähern der Füße beim Einwärtsanteil der Brustschwimmbeinbewegung.

Die genannten Bewegungen sind auch bei den Starts und Wenden zu finden. Beim Start und Wendenabstoß erfolgt eine schnelle Streckung der Sprung-, Knie- und Hüftgelenke. Die Drehungen bei den Kraul- und Rückenwenden werden durch eine schnelle Rumpfbeugung eingeleitet. Die Verbesserung der genannten Funktion zielen v.a. auf die **Erhöhung der Kraft.**

Das Beweglichkeitstraining soll v.a. die nachfolgenden Funktionen im Hinblick auf die **Vergrößerung der maximalen Bewegungsamplitude** verbessern:

1. Rückführung (Retroversion) der Arme aus der Hochhalte: Eine ausreichende Beweglichkeit in dieser Bewegungsrichtung ist notwendig, um während des Abwärts-Auswärts-Anteils, dem sog. Wasserfassen, eine ausreichende Vordehnung der Zugmuskulatur zu ermöglichen. Durch die an den Antriebsflächen auftretende Wasserkraft werden beim Kraul-, Delphin- und Brustschwimmen die Hände nahe an der Wasseroberfläche gehalten, während sich der Rumpf nach vorne-unten bewegt. Die hierdurch hervorgerufene passive Dehnung der serienelastischen Elemente und das Auslösen des Dehnungsreflexes unterstützt die nachfolgende willkürliche Kontraktion der Zugmuskulatur. Die serienelastischen Elemente im Muskel wirken hierbei wie Federn. Beim Rückenschwimmen geschieht dieses aktiv durch das betonte „Tiefgehen" während des Abwärts-Auswärts-Anteils. Darüberhinaus ermöglicht eine ausreichende Beweglichkeit in der dargestellten Richtung beim Brustschwimmen eine Rückholphase nahe an der Wasseroberfläche.

2. Rückführen (Retroversion) der Arme aus der Seithalte: Für wirkungsvolle Rückholphasen beim Delphin- und Kraulschwimmen ist eine ausreichende Beweglichkeit in der genannten Richtung entscheidend. Sie ermöglicht das entspannte und widerstandsarme Nachvornebringen der Arme, ohne daß beim Kraulschwimmen eine zu starke Rotation um die Körperlängsachse bzw. beim Delphinschwimmen eine zu starke Rückneigung des Rumpfes erfolgen muß. Zu starke Rotation bzw. Rückneigung erhöhen nämlich den bremsenden Widerstand bzw. führen zu einer Beeinträchtigung der nachfolgenden Antriebsphase.

3. Innenrotation des Oberarmes im Schultergelenk: Die Bedeutung der Innenrotation für die Antriebsphase wurde bereits unter Punkt 1. bei den zu kräftigenden Gelenkbewegungen dargestellt. Hierbei wird die ganzheitliche Sichtweise im Sinne von Funktionalität deutlich. Die Fähig-

keit, bestimmte Stellungen bei der Innenrotation einnehmen und unter Belastung beibehalten zu können, hängt zum einen von der Kraft ab, welche die innenrotierenden Muskeln entwickeln können, um die entgegengesetzt wirkende (außenrotierende) Muskulatur und die das Schultergelenk umschließenden Kapsel-Band-Strukturen zu dehnen. Sie hängt aber auch ab vom Bewegungsspielraum des Gelenks in dieser Richtung.

4. Streckung im oberen Sprunggelenk (Plantarflexion): Sie ermöglicht das Einnehmen antriebswirksamer Fußpositionen in den Schwimmarten Kraul, Delphin und Rücken.

5. Beugung im oberen Sprunggelenk (Dorsalflexion): Sie läßt antriebswirksame Fußpositionen während der Beinbewegungen beim Brustschwimmen einnehmen.

Die Bedeutung der genannten Kraft- und Beweglichkeitsmerkmale konnte nachgewiesen werden. Das bedeutet jedoch nicht, daß ausschließlich sie verbessert werden sollen, vielmehr ist eine Vielzahl anderer Trainingsziele von unmittelbarer und mittelbarer Bedeutung für die Verbesserung der genannten Funktionen. Mehr hierzu in den nachfolgenden Kapiteln.

4. Die funktionelle Dehnung

Der Fähigkeitsbereich Beweglichkeit umfaßt die Fähigkeiten, die notwendig sind, um möglichst **große Schwingungsweiten in den Gelenken** zu erzielen. Die schwimmspezifischen Merkmale dieses Fähigkeitsbereichs wurden in 3.3 dargestellt. Die Leistungsrelevanz folgender Merkmale konnte empirisch nachgewiesen werden:

1. Rückführung der Arme aus der Hochhalte
2. Rückführung der Arme aus der Seithalte
3. Innenrotation der Oberarme im Schultergelenk
4. Plantarflexion der Füsse im oberen Sprunggelenk
5. Dorsalflexion der Füsse im oberen Sprunggelenk

Die Leistungsrelevanz der nachfolgenden Merkmale läßt sich theoretisch begründen:
- Innenrotation der Oberschenkel im Hüftgelenk;
- Aussenrotation im Kniegelenk, die nur bei gebeugten Beinen möglich ist;
- Supination (Einwärtsdrehen) im unteren Sprunggelenk;

Die Bedeutung dieser Merkmale für wirkungsvolle Brustschwimmbeinbewegungen leuchtet ein: „Stellen" der Füsse gegen den Wasserwiderstand, nachdem die Knie maximal gebeugt wurden, bzw. Einnehmen antriebswirsamer Fußpositionen während des Einwärtsanteils der Beinbewegung.

Die Innenrotation im Hüftgelenk ist darüberhinaus wichtig für wirkungsvolle Beinbewegungen bei den Schwimmarten Kraul, Rücken und Delphin.

Die Zielstellung von Dehnübungen ist es v.a., die genannten Bewegungungsfunktionen bezüglich zunehmender Beweglichkeit zu verbessern. Hierbei wird die **aktive** von der **passiven Beweglichkeit** unterschieden.

Aktive Beweglichkeit bezeichnet die Bewegungsamplitude, die durch aktive Kontraktion der synergistischen Muskulatur (alle Muskeln die in eine Richtung wirken) und Dehnung der antagonistischen Muskulatur (alle Muskeln, die in die entgegengesetzte Richtung wirken) erreicht wird.

Als passive Beweglichkeit bezeichnet man die Bewegungsamplitude, die durch Fremdeinwirkung, z.B. durch einen Partner, erreicht wird. Sie ist in erster Linie anhängig von der Entspannungsfähigkeit der antagonistischen Muskeln

und von anatomischen Bewegungsgrenzen, also von der Gestalt und Auflage der Gelenkflächen sowie von der Elastizität der dieses Gelenk umschließenden Bänder und Sehnen.

In diesem Zusammenhang sind die Begriffe **Hypomobilität** (weniger als funktionell optimal beweglich) und **Hypermobilität** (mehr als funktionell optimal beweglich) von Bedeutung. Von einem athromuskulären Gleichgewicht ist dann auszugehen, wenn weder Hypo- noch Hypermobilität vorliegt. Die Bezeichnung „arthromuskulär" bezieht sich auf die Funktionseinheit Skelettmuskel-Gelenk (TITTEL 1986, 3).

Hypermobilität ist v.a. erblich angelegt und wird durch einseitig durchgeführte Dehnübungen verstärkt. Die Folge hiervon ist eine mehr oder weniger starke Instabilität in den betroffenen Gelenken, was eine geringere Belastungstoleranz nach sich zieht. In solchen Fällen muß in erster Linie die **Kräftigung der gelenkstabilisierenden Muskulatur** erfolgen.

Hypomobilität kann ebenfalls z.T. erblich bedingt sein, ist in den meisten Fällen aber auf verkürzte Muskulatur zurückzuführen. Die Muskeln weisen dann eine geringere Länge als die normale Ruhelänge auf. Die Folgen solcher Muskellängen-Verkürzungen sind ständige Überlastungen des Muskel-Sehnen-Übergangs, was ebenfalls eine verringerte Belastungstoleranz zur Folge hat. Eine Ursache hierfür kann körperlicher „Stress" sein, auf den der Körper mit Anspannen der Muskeln reagiert. Stressursachen können Überbeanspruchungen und Reizungen sein, auf die der Körper mit der oben beschriebenen Reaktion antwortet, um schmerzende Stellen zu immobilisieren. In solchen Fällen müssen die Muskeln der betroffenen Gelenke gedehnt werden, bis der Verkürzungszustand beseitigt ist.

„Zwischen der Muskulatur und den einzelnen Gelenkstrukturen bestehen enge wechselseitige Beziehungen. Störungen in der Muskulatur können eine gestörte Gelenkfunktion hervorrufen und zu veränderten Stereotypen des Bewegungsablaufes führen. Umgekehrt beeinflußt die veränderte Gelenkfunktion ihrerseits die Muskelfunktion, wodurch eine sich selbst unterhaltende Kettenreaktion ausgelöst wird. Das Ziel ist das Erreichen eines Gleichgewichts zwischen posturaler (Haltemuskulatur) und phasischer (Bewegungs-) Muskulatur. Dies kann nur erreicht werden, wenn neben funktionellen Kraftreizen auch genügend Dehnreize auf das System einwirken" (TAUCHEL/MÜLLER 1986, 121).

Die hierbei angesprochenen wechselseitigen Beziehungen zwischen den Gelenkstrukturen und der umgebenden Muskulatur werden bestimmt durch eine Reihe von **„Fühlern"**: Nozi- und Mechanorezeptoren der Gelenkknorpel und der Haut, Muskel- und Sehnenspindeln. Sie verändern über **Reflexe** (unwillkürliche Reizung der Muskulatur) den Spannungszustand der Muskulatur. Will man die Beweglichkeit steigern, so muß man diese Reflexmechanismen beachten und für die Trainingsziele nutzen.

Für die Steigerung der Beweglichkeit ist die Funktion der **Muskelspindeln** und die der **Sehnenspindeln** von besonderer Bedeutung. Die Muskelspindeln erfühlen den Dehnungszustand des Muskels. Wird ein Muskel mit großer Geschwindigkeit oder über eine bestimmte Länge hinaus gedehnt, dann lösen die Muskelspindeln den sog. Dehnungsreflex aus, und der Muskel kontrahiert. Er schützt sich damit vor Überdehnung.

Die Sehnenspindeln sollen die Sehnen vor zu starken Muskelkontraktionen schützen, ihre Funktion ist damit derjenigen der Muskelspindeln entgegengesetzt. Überschreitet die Muskelzugkraft eine bestimmte Reizschwelle, dann lösen die Sehnenspindeln einen Reflex aus, der den Muskel entspannt und die Muskel-Sehnen-Übergänge und die Sehnen vor Überlastung schützt.

Welche Folgerungen können hieraus für die Trainingspraxis gezogen werden? Zunächst einmal kann festgestellt werden, daß die ruckartige und federnde Ausführung von Übungen die Beweglichkeit nicht steigern kann, weil hierdurch ständig die Muskelspindeln angesprochen werden, die über den Dehnungsreflex eine Muskelkontraktion auslösen.

Das kann besonders gut bei Sportlern beobachtet werden, die einen erhöhten Muskeltonus aufweisen. Ihre Muskelspannung ist auch im Ruhezustand hoch. Führt ein Partner mit solchen Sportlern Dehnübungen durch, so bemerkt man oft, daß mit dem Beginn der Dehnung die Muskeln kontrahieren und somit ein Erreichen der Grenze der passiven Beweglichkeit verhindern. Alle Dehnübungen, die mit Hilfe eines Partners durchgeführt werden, werden nachfolgend als **PARTNERDEHNÜBUNG** bezeichnet.

Um die Beweglichkeit wirkungsvoll zu steigern,

müssen die aktiv oder passiv ausgeführten Dehnübungen also langsam ausgeführt und die erreichte Endposition muß 10 bis 30 sec lang eingehalten werden, um die Aktitivität der Muskelspindeln herabzusetzen.

Eine andere Möglichkeit zur Deaktivierung der Muskelspindeln stellt die bewußte Nutzung des Sehnenreflexes dar.

Da die Aktivierung der Sehnenspindeln durch die Kontraktion der Muskeln erfolgt, führt man vor der eigentlichen Dehnung eine isometrische Kontraktion durch. Diese besteht aus einer statischen Muskelanspannung von 5 bis 15 sec. Die Aktivierung der Sehnenspindeln hemmt die Tätigkeit der Muskelspindeln, so daß in einer kurzen Entspannungsphase nach der isometrischen Kontraktion gute Bedingungen für die nachfolgende Dehnung erreicht werden. Die Dehnung erfolgt ebenfalls bis in eine ohne Schmerzen erreichbare Endposition, die dann wiederum 10 bis 30 sec gehalten wird. Für die Durchführung von Dehnübungen in dieser Art finden sich verschiedene Bezeichnungen in der Literatur, z.B. das Stretching. Um die Begriffsvielfalt überschaubar zu machen, wurden die folgenden Bezeichnungen gewählt:

1. Aktiv-gehaltene Dehnung: *Bei Übungen dieser Art wird die Dehnposition durch aktive Kontraktion der synergistisch wirkenden Muskeln und Dehnung der antagonistischen Muskulatur erreicht und gehalten. Beispiel: Ein Sportler begibt sich in die Bauchlage, die Arme werden in Seithalte gestreckt. Aus dieser Ausgangsposition hebt er die gestreckten Arme durch Anspannung der Schulterblattmuskeln an und dehnt dabei die Brustmuskeln. Die maximal erreichbare Endposition hält er für 10 sec.*

2. Passiv-gehaltene Dehnung: *Bei passiv-gehaltenen Dehnübungen wird die Endposition mit Hilfe des eigenen Körpergewichts, mit Hilfe von Fremdgewichten oder mit Partnerhilfe eingenommen und gehalten. Beispiel: Gleiche Ausgangsposition wie im Beispiel für die aktiv-gehaltene Dehnung. Ein Partner faßt um die Ellenbogengelenke und zieht die Arme langsam aus der Seithalte nach oben. Hierbei soll ein Ausweichen nach vorne oder hinten vermieden werden. Die schmerzfrei erreichbare Endposition wird 10 bis 30 sec gehalten.*

3. Aktiv-gehaltene Dehnung nach einer isometrischen Kontraktion: *Hierbei wird vor der*

Dehnung eine isometrische Anspannung von 5 bis 15 sec der zu dehnenden Muskulatur durchgeführt. Nach einer kurzen Entspannung von ca. 3 sec wird die Endposition durch Anspannung der synergistischen und Dehnung der antagonistischen Muskulatur eingenommen und gehalten. Beispiel: Ausgangsposition s.o.; zunächst werden die gestreckt in Seithalte befindlichen Arme fest auf den Boden gedrückt, diese Anspannung wird für 5 sec gehalten. Danach erfolgt eine kurze Entspannung von 3 sec und eine Dehnung der vorher angespannten Brustmuskeln durch Anspannung der Schulterblattmuskeln, die die Arme maximal vom Boden abheben und 15 sec in dieser Position halten.

4. Passiv-gehaltene Dehnung nach einer isometrischen Kontraktion: Auch hierbei erfolgt zunächst eine isometrische Anspannung der zu dehnenden Muskulatur. Dieses kann entweder gegen den Widerstand des Partners oder - wie im vorangegangen Beispiel - gegen den Boden, gegen die Wand u.ä. erfolgen. Es folgen wiederum eine kurze Entspannungsphase von 3 sec und eine Dehnung durch den Partner bis in eine schmerzfreie Endposition, die dann 10 sec bis 30 sec gehalten wird.

Eine Variation dieser Abfolge eignet sich besonders für Sportler mit großen Beweglichkeitsdefiziten. Aus der beschriebenen Ausgangsposition hebt der Partner zunächst die in Seithalte gestreckten Arme leicht an. Der Sportler spannt nun die Bustmuskeln an, während der Partner ein Abwärtsführen der Arme verhindert. Diese Anspannung wird 5 sec aufrechterhalten. Nachfolgend dehnt der Partner in die nächste Position, und der Vorgang wird wiederholt. Die gesamte Abfolge kann in beliebig vielen Positionen durchgeführt werden und ermöglicht ein schrittweises Erreichen der passiven Beweglichkeitsgrenze. Hierbei kann gut beobachtet werden, wie die Dehnung nach der in den einzelnen Positionen erfolgten isometrischen Anspannung erleichtert wird. Das Erreichen der Endpositionen wird bei allen Dehnmethoden durch bewußtes, tiefes Ausatmen während der Dehnung unterstützt.

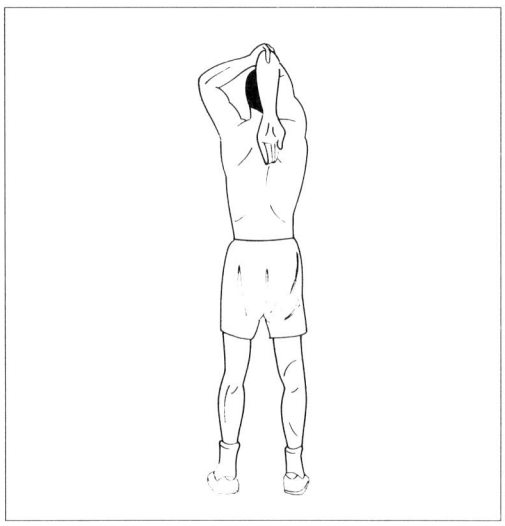

Übungssammlung: Funktionelle Dehnung

Zielstellung: Optimierung der Beweglichkeit schwimm-spezifisch eingesetzter Gelenk-Muskel-Funktionseinheiten. Hinweis: Ein Teil der für Schwimmer wichtigen Dehnübungen wird im Kapitel 5.1 dargestellt. Die nachfolgend abgebildeten Dehnübungen können als eigenständiges Programm, als Teil des Aufwärmens und nach dem Kraft- oder Schwimmtraining durchgeführt werden. Grundsätzlich sollte die bei den einzelnen Übungen erreichte Endstellung 10 bis 30 Sekunden gehalten werden! Das tiefe und bewußte Ausatmen erleichtert hierbei die Entspannung.

1. Dehnung des Armstreckers, des breiten Rückenmuskels und verschiedener Schultermuskeln

Ausführung: Den gebeugten Arm hinter den Kopf ziehen, dabei die Rumpfstellung nicht verändern.

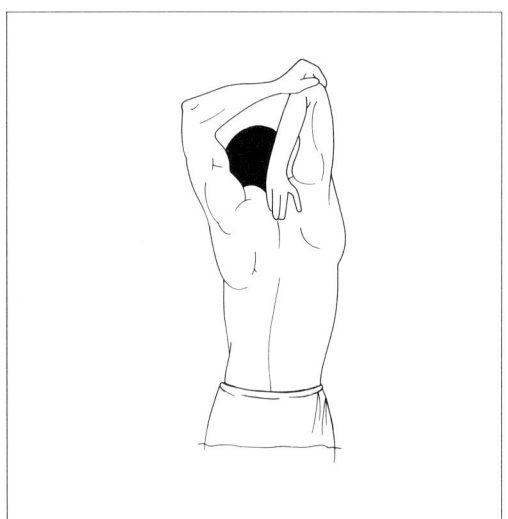

2. Dehnung des Armstreckers

Ausführung: Den gebeugten Arm hinter den Kopf ziehen. Hierbei eine Hand auf die Schulter stützen und die Rumpfstellung nicht verändern.

3. Dehnung des großen Brustmuskels, der Armbeuger und der Schulterinnenrotatoren

Ausführung: Die Hände in Schulterbreite mit den Fingerspitzen nach oben an die Wand drücken. Mit aufrechtem Oberkörper in die Hocke gehen.

4. Dehnung der Brustmuskulatur und der Muskulatur des Schultergürtels

Ausführung: Schultergelenke werden bodenwärts gedrückt, hierbei die Bauchmuskeln leicht anspannen, um eine Hohlkreuzhaltung zu vermeiden.

5. Dehnung des breiten Rückenmuskels und weiterer Muskeln des Schultergürtels und der Flanke

Ausführung: Im Seitgrätschstand zur Seite neigen und dabei einen Arm am Bein abwärts gleiten lassen. Den anderen Arm aus der Hochhalte mit dem Kopf zur Seite neigen.
Wichtig: Durch Anspannen der Bauch- und Gesäßmuskulatur die Hüfte fixieren.

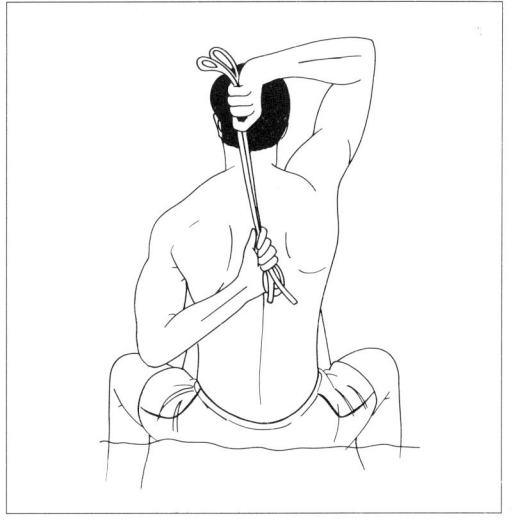

6. Dehnung der Schulterinnenrotatoren

Ausführung: Sprungseil oder Handtuch mit beiden Händen hinter dem Rücken umfassen. Zunächst den unteren Arm gegen den Widerstand des oberen Armes für 10 Sekunden anspannen, kurz entspannen und dann den unteren Arm mit Hilfe des oberen Armes nach oben ziehen. Endstellung 10 bis 30 Sekunden beibehalten.

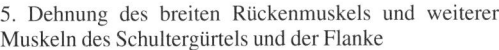

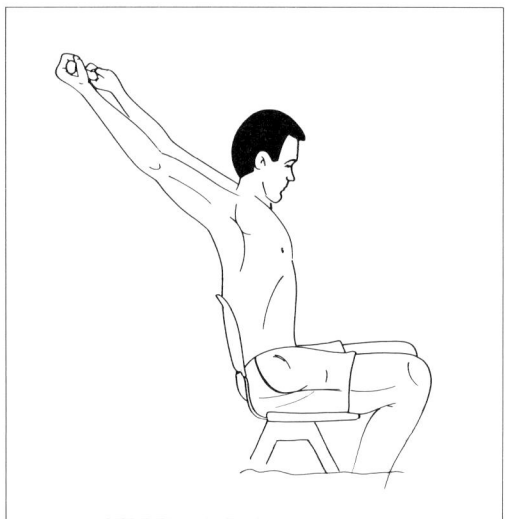

7. Dehnung der Brust- und Schultergürtelmuskulatur

Ausführung: Aus der Ausgangsstellung ein zwischen beiden Händen gespanntes Handtuch in den Nacken ziehen. Hierbei sollten sich die beiden Ellenbogen möglichst weit hinter dem Rumpf befinden.

Ausgangsstellung

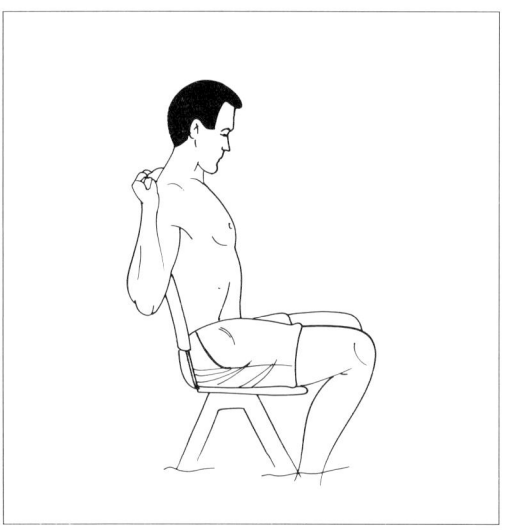

Endstellung

8. Dehnung der Beinbeuger, der Gesäßmuskulatur, der langen Rückenstrecker sowie der Muskulatur des Schultergürtels

Ausführung: Die Hände befinden sich im Flechtgriff hinter dem Rücken. Zunächst den Oberkörper bei gestreckten Beinen vorneigen, dann die gestreckten Arme möglichst weit vom Rumpf abheben.

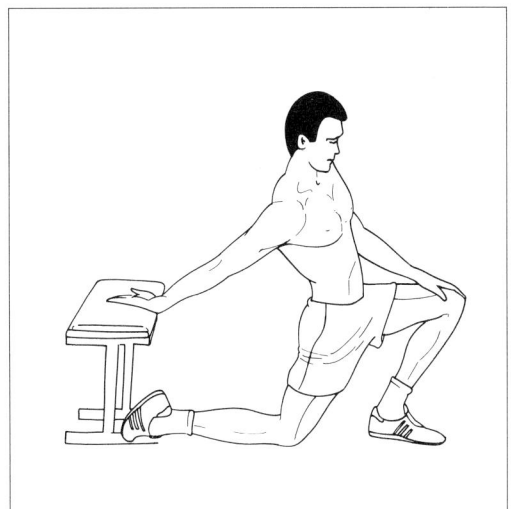

9. Dehnung der Armbeuger

Ausführung: Den gestreckten Arm mit der Handfläche nach oben auf eine Bank legen und den Oberkörper nach vorne verlagern.

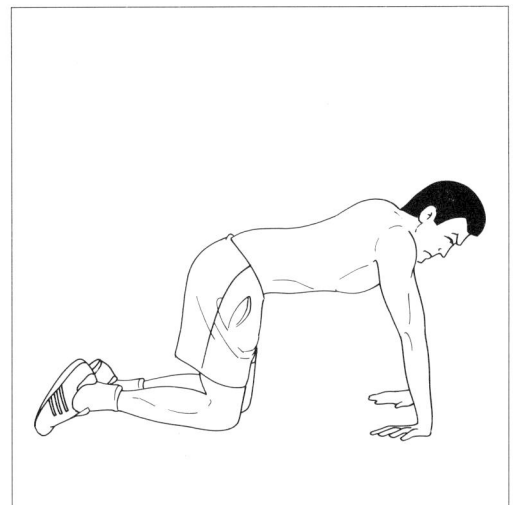

10. Dehnung der Handgelenkbeuger

Ausführung: Finger und Ellenbogen gestreckt auf den Boden aufstützen, Oberkörper vorsichtig nach hinten verlagern.

11. Dehnung der Handgelenkstrecker

Ausführung: Handrücken bei gestrecktem Ellenbogen auf dem Boden mit der anderen Hand fixieren. Gewicht vorsichtig nach hinten verlagern.

12. Dehnung der Rückenstrecker und der Gesäßmuskulatur

Ausführung: Oberkörper zwischen die Beine absenken.

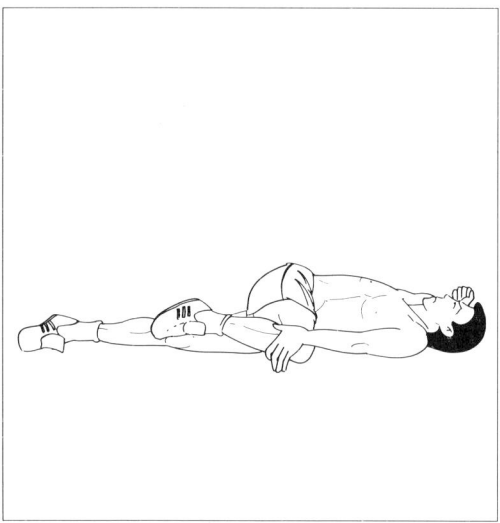

13. Dehnung der Gesäßmuskulatur

Ausführung: Beide Schultern auf der Unterlage lassen
und das Knie möglichst weit zum Boden drücken.

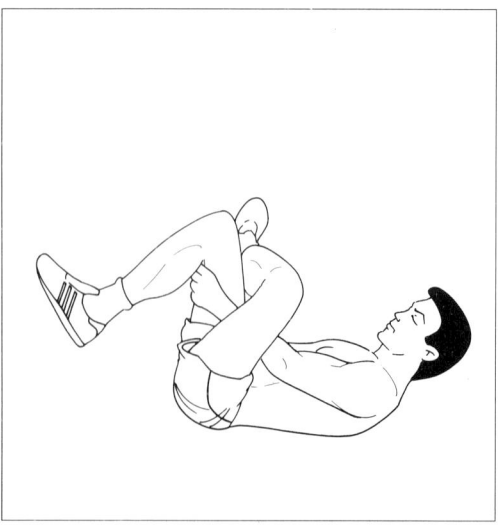

14. Dehnung der Gesäßmuskulatur

Ausführung: Durch das Heranziehen mit beiden Armen
und die Beugung im Hüftgelenk wir das nach innen ver-
drehte Bein möglichst weit zum Oberkörper gezogen.

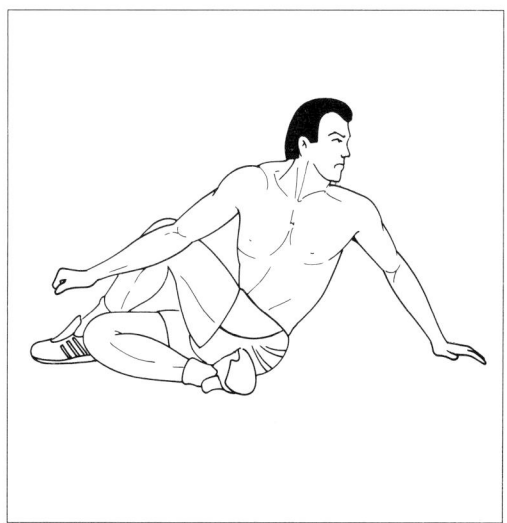

15. Dehnung der Rückenstrecker, der Gesäß- und der schrägen Bauchmuskulatur, Mobilisation der Wirbelsäule

Ausführung: Das angehockte Bein mit dem Oberarm zur Gegenseite drücken, dabei den Kopf und Rumpf möglichst weit drehen.

15.1 Variation mit gebeugtem Bein

16. Dehnung der Beinbeuger

Ausführung: Ein Bein liegt gestreckt auf der Unterlage, die Wirbelsäule wird durch Anspannen der Bauchmuskulatur auf die Unterlage gedrückt. Das zweite Bein mit beiden Händen umfassen und zum Oberkörper ziehen; die Fußspitze anziehen und das Bein im Kniegelenk möglichst weit strecken.

17. Dehnung der Hüftbeuger und Beinstrecker

17.1 Ausführung: Die rechte Hand umfaßt den rechten Fuß und hebt den Oberschenkel vom Boden ab.

17.2 Ausführung: Das rechte Knie auf eine Bank stützen; die rechte Hand umfaßt den rechten Fuß und zieht den Unterschenkel zum Gesäß. Hier muß die Hüfte gerade gehalten werden. Nun das Gewicht nach vorne verlagern, indem das linke Bein gebeugt wird.

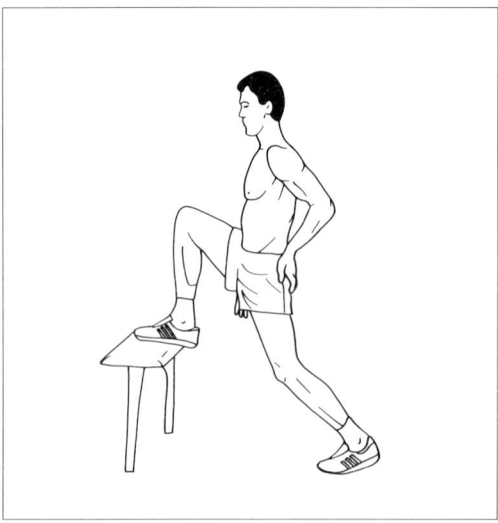

18. Dehnung der Hüftbeuger

18.1 Ausführung: Einen Fuß auf eine Bank stellen und die Hüfte gerade halten; das Gewicht auf das gebeugte Bein verlagern.

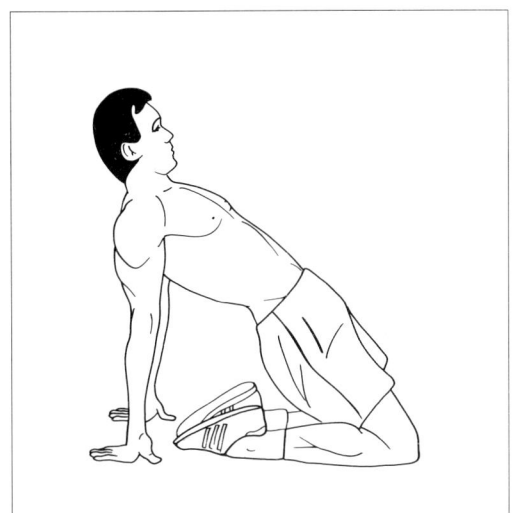

18.2 Ausführung: Im Kniestand den Oberkörper bei gestreckter Hüfte nach hinten senken und das Becken nach vorne schieben. Die gestreckten Arme stützen nach hinten ab.

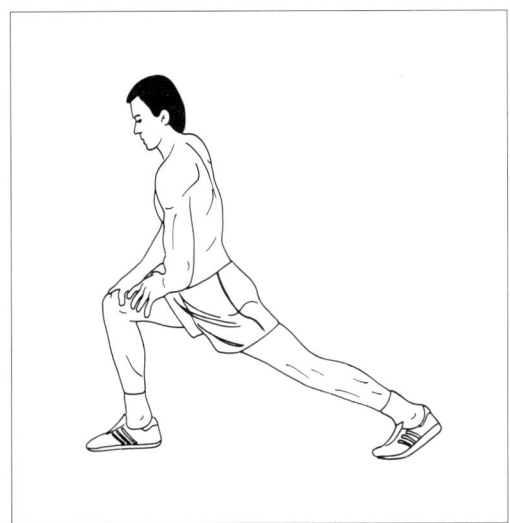

18.3. Siehe 18.1

19. Dehnung der Beinadduktoren

19.1 Ausführung: Im seitlichen Ausfallschritt das Gewicht auf das gebeugte Bein verlagern, dabei den Oberkörper möglichst aufrecht halten.

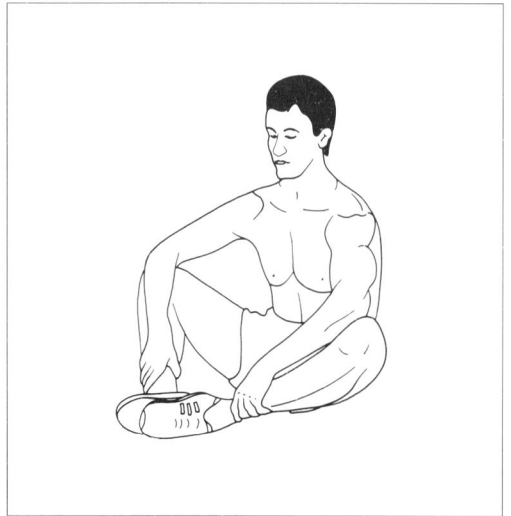

19.2 Ausführung: Aufrechter Sitz; die Beine mit den Fußsohlen aneinander möglichst nahe zum Körper ziehen; mit den Ellenbogen die Knie weit zum Boden drücken.

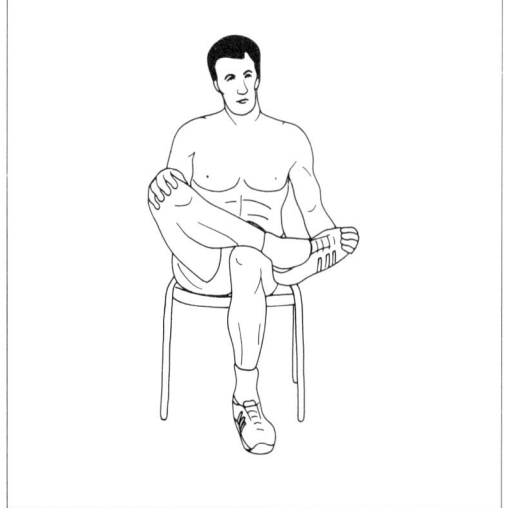

20. Dehnung der Schienbeinmuskulatur

20.1 Ausführung: Eine Hand umfaßt die Fußspitze und zieht diese möglichst weit vom Unterschenkel weg.

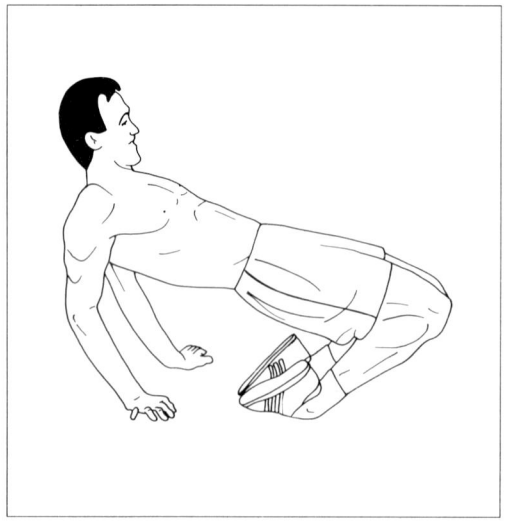

20.2 Ausführung: Aus dem Kniestand den Oberkörper zurückneigen und mit den Armen nach hinten abstützen; die Hüfte vorschieben und durch Verlagerung des Gewichts nach hinten die Unterschenkel vom Boden lösen.

21. Dehnung der Wadenmuskulatur

21.1 Dehnung der oberen Wadenmuskulatur (M. gastrocnemius)

Ausführung: Die Ferse des nach hinten gestreckten Beines zum Boden drücken und das Gewicht nach vorne verlagern.

21.2 Dehnung der unteren Wadenmuskulatur (M. soleus)

Ausführung: Siehe 21.1, jedoch mit gebeugtem Bein.

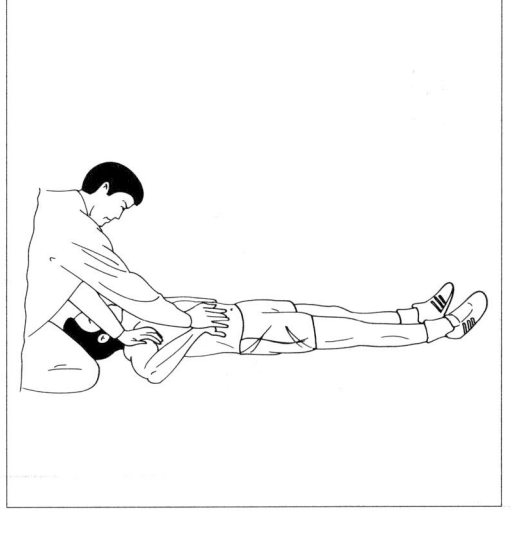

22. Partnerdehnübung: Dehnung der Schulteraußenrotatoren

Ausführung: Rückenlage; Arm in der Seithalte zum rechten Winkel gebeugt. Der Partner fixiert die Schulter auf der Unterlage. Zunächst den Unterarm gegen den Widerstand des Partners nach oben drücken und die Spannung 5 bis 10 Sekunden halten; kurz Entspannen und den Unterarm locker bodenwärts fallen lassen. Der Partner drückt nun den Unterarm weiter bodenwärts und achtet darauf, daß sich die Schulter nicht von der Unterlage löst. Die Endstellung 10 bis 30 Sekunden beibehalten.

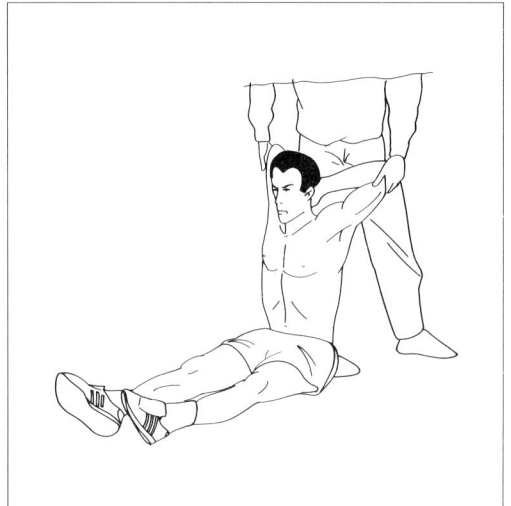

23. Partnerdehnübung: Dehnung der Brustmuskeln, des breiten Rückenmuskels, der Armstrecker sowie der Schulterinnenrotatoren

Ausführung: Streck- oder Schneidersitz; an das auswärts gedrehte Bein des Partners lehnen; Wirbelsäule durch Anspannen der Bauchmuskulatur aufrichten; Hände in Nackenhalte. Der Partner zieht die Ellenbogen nach hinten-oben.

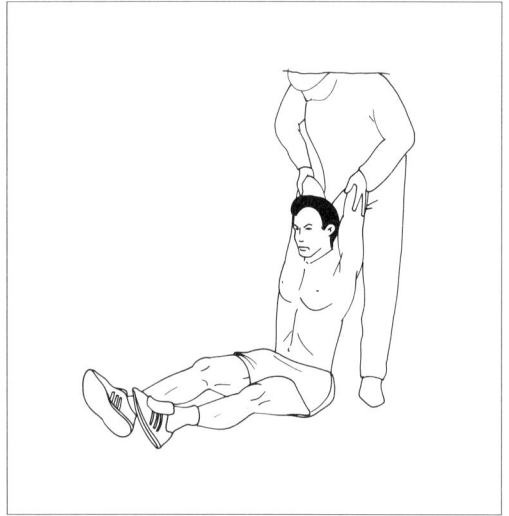

23.1 Partnerdehnübung: Dehnung der Brustmuskeln, des breiten Rückenmuskels, der Armstrecker sowie der Schulterinnenrotatoren

Ausführung: Siehe 23.; der Partner überkreuzt die gebeugten Arme hinter den Kopf.

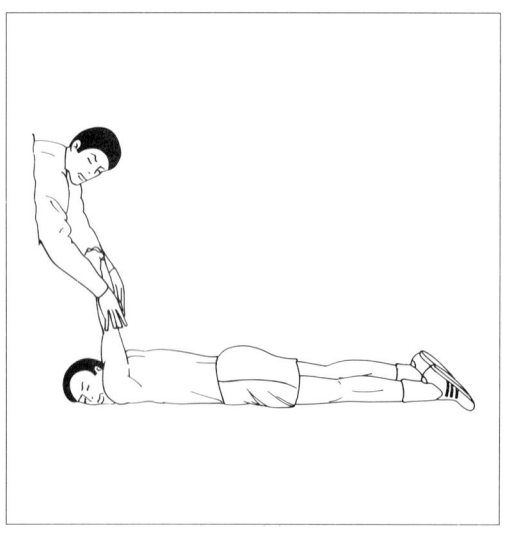

24. Partnerdehnübung: Dehnung der Brust- und Schultergürtelmuskulatur sowie der Armbeuger

Ausführung: Bauchlage; die gestreckten Arme hinter dem Rücken; Hände im Flechtgriff. Der Partner zieht die gestreckten Arme an den Ellenbogen über den Kopf nach vorne.

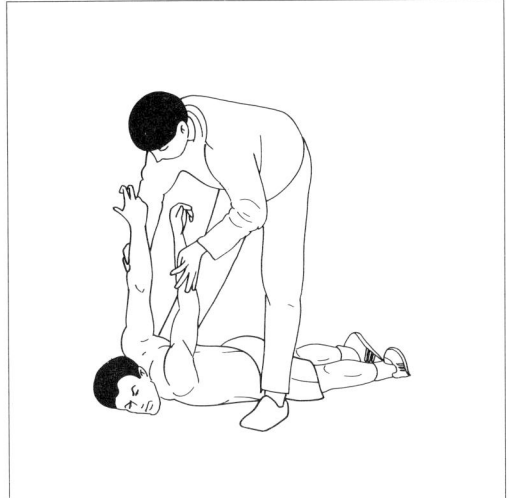

24.1 Partnerdehnübung: Dehnung der Brust- und Schultergürtelmuskulatur sowie der Armbeuger

Ausführung: Siehe 24.; die Arme gestreckt in der Seitenhalte. Der Partner zieht die gestreckten Arme an den Ellenbogen aneinander vorbei zur Gegenseite; Arme und Rumpf bilden hierbei einen rechten Winkel.

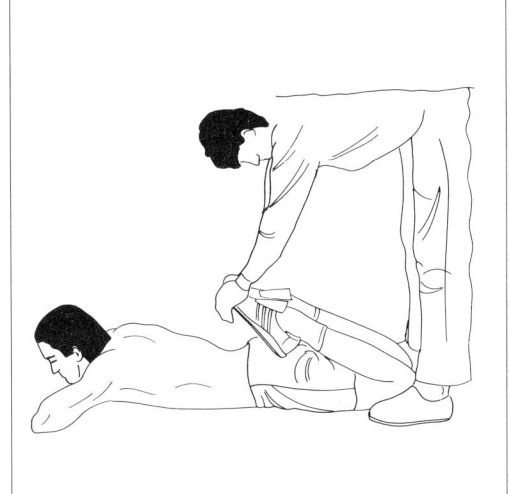

25. Partnerdehnübung: Dehnung der Beinstrecker und der Schienbeinmuskulatur

Ausführung: Bauchlage; Beine gebeugt. Der Partner drückt die Beine am Vorderfuß zum Gesäß.

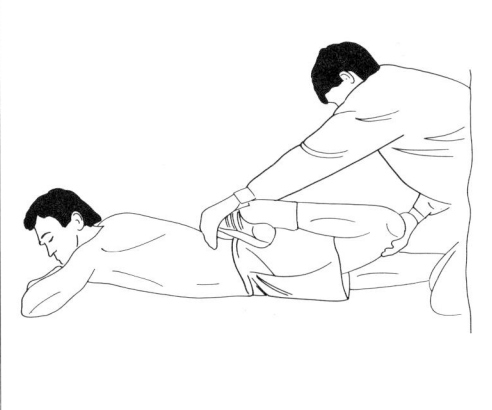

25.1 Partnerdehnübung: Dehnung der Hüftbeuger und Beinstrecker

Ausführung: Siehe 25.; Partner zieht den Oberschenkel des maximal gebeugten Beines nach oben.
Wichtig: Hohlkreuzhaltung durch Anspannen der Bauchmuskulatur vermeiden.

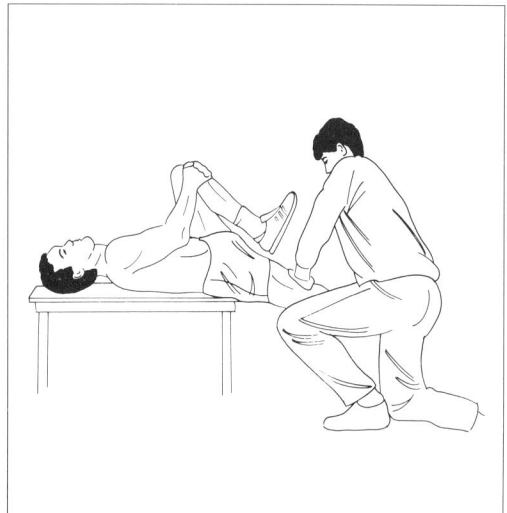

26. Partnerdehnübung: Dehnung der Hüftbeuger

Ausführung: Rumpf in Rückenlage auf einer Bank oder einen Tisch; ein Bein gebeugt mit beiden Armen zum Rumpf ziehen, das andere Bein locker nach vorne fallen lassen. Zunächst das gestreckte Bein gegen den Widerstand des Partners im Hüftgelenk beugen und die Spannung 5 bis 10 Sekunden halten; danach Entspannen. Der Partner drückt nun das Bein bodenwärts.

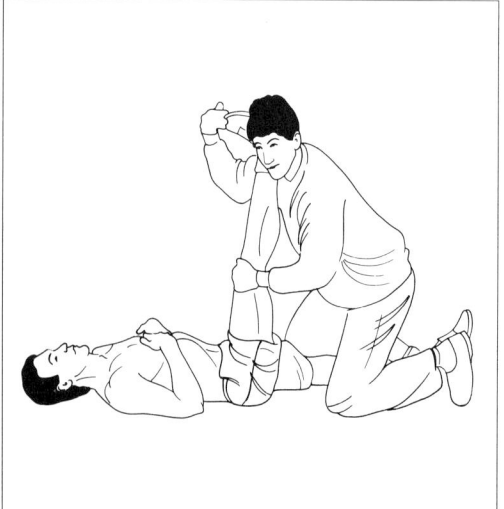

27. Partnerdehnübung: Dehnung der Beinbeuger

Ausführung: Rückenlage; Wirbelsäule durch Anspannen der Bauchmuskulatur auf die Unterlage drücken; ein Bein liegt gestreckt auf dem Boden und wird durch das Knie des Partners fixiert. das andere Bein wird durch den Partner gestreckt zum Rumpf geführt.

5. Die funktionelle Kräftigung

Es wurde eingangs auf die Probleme bei der Unterscheidung verschiedener Erscheinungsformen der Kraft und der hieraus entstandenen Begriffsvielfalt hingewiesen. Um für die Trainingspraxis nützliche Definitionen und somit klare Trainingsziele zu bekommen, sollte man sich zunächst einmal klar machen, daß **jede Bewegung das Ergebnis der Wirkung von Kräften ist.** Den Schwer- und Trägheitskräften, auch äußere Kräfte genannt, wirken die Kräfte entgegen, welche die Muskeln erzeugen und die über die knöchernen Hebel nach außen wirken, die sog. inneren Kräfte. Die außen z.B. durch einen Test meßbaren Kräfte entstehen durch das Zusammenwirken verschiedener elementarer Eigenschaften der Funktionseinheit von Gelenk, Muskeln und muskelsteuernde Nerven (Innervation). Bedeutsam für den Fähigkeitsbereich der Kraft sind

– die Länge der knöchernen Hebel und die Ansätze der Sehnen,
– der Querschnitt des Muskels,
– die Faserzusammensetzung des Muskels und
– die Fähigkeit, möglichst viele der vorhandenen Muskelfasern einzusetzen: die intra- oder innermuskuläre Koordination.

Diese genannten Faktoren beziehen sich auf einen Muskel, der über eine Sehne und ein Gelenk einen knöchernen Hebel bewegt. Da selbst bei sehr einfachen Bewegungen, die nur ein Gelenk betreffen, jedoch immer mehrere Muskeln zusammenwirken, muß zu den genannten Faktoren ein weiterer hinzugefügt werden: das Zusammenspiel zwischen den beteiligten Muskeln: die intermuskuläre oder zwischenmuskuläre Koordination.

Das gilt in verstärktem Maße, wenn an der Bewegung mehrere Gelenke beteiligt sind. Hier gewinnt das intermuskuläre Zusammenspiel zunehmend an Bedeutung gegenüber den anderen Faktoren.

Im Kapitel 4 wurde bereits darauf hingewiesen, daß die Funktionseinheit Gelenk-Muskeln-Innervation mit „Fühlern" ausgestattet ist, welche z.B. die Länge des Muskels (Muskelspindel) und dessen Spannung (Sehnenspindel) registrieren und über das Rückenmark Reflexe auslösen, wenn bestimmte Schwellenwerte überschritten werden. Diese durch Reflexe gesteuerten Muskelreaktionen (Spinalmotorik) sind weitgehend unabhängig vom Bewußtsein und können deshalb sehr schnell ablaufen. Dies wird deutlich,

wenn man sich eine Spaziergang auf unebenem Waldboden vorstellt: Hier muß die Fuß- und Beinmuskulatur ständig die Unebenheiten des Bodens ausgleichen, ohne daß dazu der bewußte „Befehl" gegeben wird.

Das Zusammenwirken der o.g. Faktoren läßt sich als „motorische Fähigkeit zur Kraftentfaltung bezeichnen, deren Resultat meßbare physikalische Kraftgrößen sind" (vgl. SCHMIDTBLEICHER 1987, 356).

Eingangs wurde darauf hingewiesen, daß jede Bewegung durch die Wirkung von Kräften zustandekommt. Die physikalische Begründung hierfür liefert das **Zweite Newton'sche Axiom.** Das Axiom besagt, daß die Änderung der Bewegung (Beschleunigen oder Bremsen), der Einwirkung der bewegenden Kraft proportional ist und in diejenige Richtung geschieht, in die diese Kraft wirkt. Die Endgeschwindigkeit eines Körpers ist abhängig vom Produkt aus der Kraft und der Zeit, über welche die Kraft wirkt: Kraftimpuls $F x t$ = Bewegungsimpuls $m x V$; F = Kraft, t = Zeit, m = Masse, V = Geschwindigkeit. Das Produkt bezeichnet man als Impuls. Sein Betrag ist gleich dem Flächeninhalt einer Kraft über einer Zeit.

Müssen Kraftbeträge - oder besser Impulse - mehr als einmal zustandekommen, was bei allen zyklischen Sportarten wie dem Schwimmen der Fall ist, so gewinnt die streckenspezifische Energiebereitstellung an Bedeutung. Es wird derjenige Sportler schneller sein, dem es gelingt über die vorgegebene Strecke eine möglichst „große Impulssumme" (SCMIDTBLEICHER 1989, 13) zu produzieren. Bezogen auf das Schwimmen muß der Schwimmer also pro Zyklus einen möglichst großen Impuls erzeugen, ihn über die gesamte Schwimmstrecke aufrechterhalten und energetisch absichern. Das wird ihn dann gelingen, wenn

– die absolute Raumbahn und die Anströmwinkel der Antriebsflächen optimiert werden,
– die Antriebsflächen mit entsprechender Geschwindigkeit auf dieser Raumbahn bewegt werden,
– die zeitliche Kopplung der Teilbewegungen von Armbewegung/Beinbewegung bzw. rechten Arm/linken Arm richtig ist und
– die Rückholphasen so gestaltet werden, daß die Schwimmgeschwindigkeit möglichst wenig reduziert wird.

Die notwendigen Voraussetzungen hierfür sind

die ausreichenden Ausprägungen streckenspezifischer Ausdauer-, schwimmartspezifischer Beweglichkeits- (vgl. 4.) und Kraftmerkmale.

Die beiden Komponenten der resultierenden Wasserkraft, nämlich hydrodynamischer Auftrieb und antreibender Widerstand (siehe 3.1), nehmen mit der Anströmgeschwindigkeit zu. Hieraus ist zu folgern, daß auch die Antriebswirkung zunehmen sollte. Aufgrund der **Hill'schen Kraft-Geschwindigkeits-Beziehung** muß man jedoch von einer, dem jeweiligen Trainingszustand des Muskels entsprechenden optimalen Bewegungs- und damit Anströmgeschwindigkeit ausgehen.

Die Hill'sche Kraft-Geschwindigkeits-Beziehung kennzeichnet ein grundlegendes mechanisches Wesensmerkmal des Muskels. Sie besagt, daß in einem gegebenen Trainingszustand immer nur bestimmte Kraftbeträge bei bestimmten Kontraktionsgeschwindigkeiten erzeugt werden können (siehe Abbildung 7). Hieraus folgt, daß die maximale mechanische Leistung (Kraft x Geschwindigkeit) bei Kraft- und Geschwindigkeitswerten registriert wird, die ungefähr ein Drittel ihrer Maxima betragen.

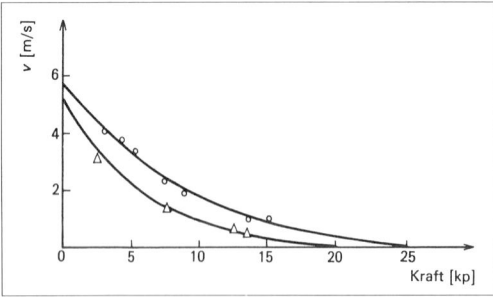

Abbildung 7: Kraft-Geschwindigkeits-Beziehung nach Hill: Kurve 1 (Dreiecke) zeigt die Ausgangssituation: Der Sportler kann bei bestimmten Geschwindigkeiten bestimmte Kraftbeträge entwickeln.
Nach einem Training hat sich die Kurve nach rechts verschoben (Kreise). D. h. der Sportler ist nun in der Lage, bei den gleichen Geschwindigkeiten höhere Kraftbeträge zu entwickeln u. u. (SAZIORSKI 1987).

Die Gültigkeit der Hill'schen Kraft-Geschwindigkeits-Beziehung wurde sowohl für einfache als auch für komplexe Bewegungen in zahlreichen Untersuchungen nachgewiesen.

Man kann also davon ausgehen, daß die Kontraktionsgeschwindigkeit, die eine maximale mechanische Leistung hervorbringt, auch die optimale Bewegungs- und damit Anströmgeschwindigkeit der Antriebsflächen erzeugt. Die trainingspraktische Folgerung hieraus lautet: Wenn die maximale Kraft bei der Schwimmbewegung erhöht wird, dann verschiebt sich die Hill'sche Kurve (Abbildung 7) nach rechts. Es können dann bei gleicher Kontraktionsgeschwindigkeit höhere Kraftbeträge - oder besser Impulse - erzielt werden. Die Erhöhung der Kraft erfolgt über die Funktionsverbesserung der an der Gesamtbewegung beteiligten Einzelmuskeln und über die Verbesserung deren intermuskulären Zusammenspiels.

Die Leistungsrelevanz folgender Kraftmerkmale für das Schwimmen konnte empirisch nachgewiesen werden:

1. Adduktion der Arme aus der 90 Grad Vorhalte: Als Reaktion auf seine Seit- und Diagonalbewegungen erzeugt der Schwimmer „stützende" Wasserkraft, die an den Antriebsflächen der Hände, Unterarme, Füsse, Unterschenkel wirkt. Zeitgleich zieht/schiebt der Schwimmer seinen Körper über diesen „Stütz", ohne daß sich die Antriebsflächen wesentlich nach hinten bewegen. Dieses Ziehen/Schieben entspricht vereinfacht einer Adduktion der Arme im Schultergelenk aus der Hochhalte in die Tiefhalte, d.h. die Arme tauchen ins Wasser ein bis zum Herausnehmen der Arme aus dem Wasser. Beim Brustschwimmen erfolgt diese Bewegung (außer beim Tauchzug) nur bis in Schulterhöhe.

2. Innenrotation der Oberarme im Schultergelenk: Die ausreichend ausgeprägte Innenrotationsfähigkeit ermöglicht das Einnehmen antriebswirksamer Positionen zu Beginn des Auswärts-Abwärts-Anteils und deren Beibehaltung während des Einwärts-Aufwärts-Anteils sowie beim Übergang vom Einwärts-Aufwärtszum Auf-/Abwärts-Rückwärts-Auswärts-Anteil. Durch die Innenrotation wird gewährleistet, daß der größtmögliche Teil der resultierenden Wasserkraft aus hydrodynamischem Auftrieb und Widerstand in Schwimmrichtung wirkt und somit für den Antrieb genutzt werden kann.

3. Anteversion der Arme aus der Seit- in die Vor-

halte: *Während des Einwärts-Aufwärts-Anteils sind sehr hohe Geschwindigkeiten der Antriebsflächen zu beobachten. Im Brustschwimmen wird bei vielen Schwimmern während dieses Anteils die größte Schwimmgeschwindigkeit innerhalb des Zyklusses erreicht. Das läßt sich dadurch begründen, daß bei korrekter Bewegungsausführung während des Einwärts-Aufwärtsanteils die resultierende Wasserkraft fast ausschließlich in Schwimmrichtung wirkt. Um dieses zu gewährleisten, müssen die Hände möglichst schnell einander angenähert werden (Brustschwimmen, Delphin), zur Körpermitte bewegt (Kraul) bzw. an den Körper angenähert werden (Rücken).*

4. Extension der Arme aus einem 90 Grad Ellenbogengelenkwinkel: Während des abschließenden Auf-(Kraul, Delphin, Brust-Tauchzug)/ Abwärts-(Rücken) Rückwärts-Auswärts-Anteils treten aufgrund der Tatsache, daß der Körper durch die vorangegangenen Phasenanteile vorbeschleunigt wurde, die höchsten Geschwindigkeiten in allen Schwimmarten auf. Im Brustschwimmen gilt das nur für den Tauchzug. Die Hauptbewegung dieses Phasenanteils bildet die Streckung der Arme im Ellenbogengelenk.

5. Extension der Beine aus einem 90 Grad Kniegelenkwinkel: Die Antriebsphasen der Beinbewegungen bei allen Schwimmarten sind verbunden mit der schnellen Streckung der Beine im Kniegelenk.

6. Sprunghöhe bei einem Vertikalsprung: Der Absprung des Starts und der Abstoß der Wenden erfolgt durch die Streckung in den Hüft-, Knie- und Sprunggelenken. Bei den Starts werden die- se Bewegungen ergänzt durch eine mehr (Rücken) oder weniger (Kraul, Brust, Delphin) starke Rückneigung des Rumpfes.

Zusätzlich lassen sich die Merkmale
– Adduktion der Oberschenkel und
– Flexion im Hüftgelenk

theoretisch begründen. Die Adduktion der Oberschenkel ist bedeutsam für den Einwärtsanteil der Brustschwimm-Beinbewegung, die Flexion im Hüftgelenk leitet die Antriebsphase der Beinbewegungen im Delphin-, Kraul- und Rückenschwimmen ein.

Zielstellung des Krafttrainings ist es, die Funktion der Einheit Gelenk-Muskeln-Innervation dahingehend zu verbessern, daß sie größere Kraftbeträge erbringen kann bzw. das Zusammenspiel der beteiligten Muskeln bei mehrgelenkigen Komplexbewegungen so zu optimieren, daß auf diese Weise größere Kraftbeträge oder Impulse erzeugt werden können. Trainingsmethodisch kann man also von **muskelspezifischem** und **bewegungsspezifischem** Krafttraining sprechen.

Hierzu ist es notwendig zu wissen, welche **Anpassungsmöglichkeiten an Trainingsreize** das Gelenk-Nerv-Muskel-System hat. Es leuchtet ein, daß keine Trainingswirkungen auf die Länge der knöchernen Hebel und auf die Ansatzpunkte der Sehnen wahrscheinlich sind. Am Muskel selbst und in der Koordination des Zusammenwirkens von Nerven und Muskeln lassen sich jedoch verschiedene trainingsbedingte Veränderungen erwartet. Sie lassen sich u.a. aus dem Aufbau eines Muskels ableiten (siehe Abb. 8) :

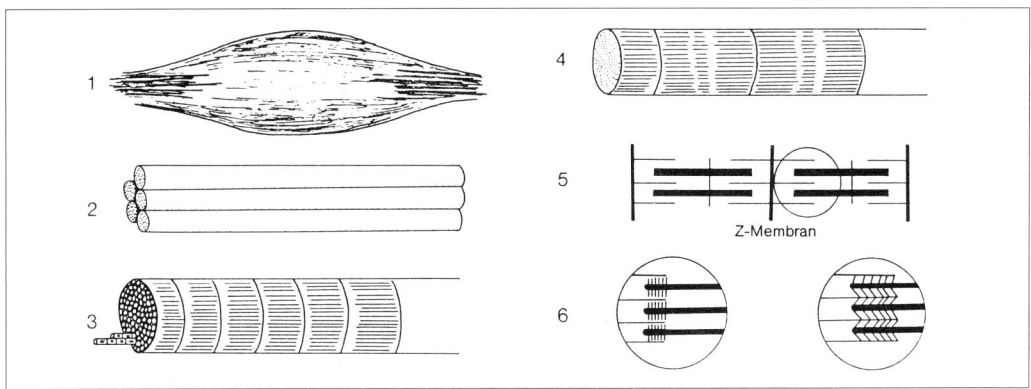

Abbildung 8: Aufbau eines Skelettmuskels, einer Muskelzelle und schematische Darstellung des Kontraktionsvorganges: Durch Ineinandergleiten der Aktin- (dicke Striche) und der Myosinfilamente (dünne Stiche) nähern sich die Z-Membranen einander an, der Muskel verkürzt sich (WEINECK 1983, S. 27).

Die Vergrößerung des Muskelquerschnitts:

Die auffälligste Veränderung am Körper eines Trainierenden ist die Zunahme der Muskelmasse. Der derzeitige Kenntnisstand klärt weder eindeutig diejenigen Faktoren, die Muskelwachstum als Trainingsfolge auslösen (Reiz-Spannungstheorie vs. ATP-Mangel-Theorie, vgl. SCHMIDTBLEICHER 1987, 363; PAMPUS et al. 1989, 8) noch diejenigen Faktoren, die schließlich zu einem größeren Muskelquerschnitt führen (Hyperplasie vs. Hypertrophie, vgl. HARTMANN/TÜNNEMANN 1985, APPELL 1983). Es ist jedoch einsichtig, daß eine Vergrößerung des Muskelquerschnitts bis zu einem Optimum eine Steigerung der Muskelzugkraft nach sich zieht. Das ist vergleichbar mit der Tatsache, daß ein dickes Seil mehr Gewicht tragen kann als ein dünnes. Der **optimale Muskelquerschnitt** wird durch zwei Faktoren bestimmt.

(1) Im Falle eines zu dicken Muskels besteht theoretisch die Gefahr, daß die inneren Fasern nicht ausreichend mit Nährstoffen versorgt werden können (APPELL 1983, 8).

(2) V.a. bei spindelförmigen Muskeln ziehen nicht alle Muskelfasern in Zugrichtung, so daß die Kraft des Gesamtmuskels geringer ist als die Summe der Kräfte aller Fasern (SCHNELL 1986, 50). Wird nun der Querschnitt vergrößert, so wird dieses Verhältnis ungünstiger, da der Sehnenquerschnitt nicht oder unwesentlich zunimmt.

Grundsätzlich wird ein extremes Dickenwachstum der Muskulatur jedoch nur dann erreicht, wenn große Trainingsumfänge, hohe Eiweißzufuhr, Veranlagung und/oder hormonelle Substitution zusammenwirken. Durch genaue Planung und periodischen Methodenwechsel ist es möglich, einen für die Leistungssteigerung im Schwimmen angemessenen Muskelquerschnitt zu erreichen. Die optimale Vergrößerung des Muskelquerschnitts ist jedoch mehr oder weniger die Basis für die Ansteuerung der nachfolgend genannten Anpassungsvorgänge. Einige Autoren (vgl. SALE 1989) vertreten die Meinung, es sei möglich, Dickenwachstum nur in denjenigen motorischen Einheiten zu erzielen, die in der sportlichen Bewegung eingesetzt werden. Diese Behauptung ist fragwürdig, jedoch kann davon ausgegangen werden, daß durch eine funktionelle Übungsauswahl mit hoher Wahrscheinlichkeit v.a. diejenigen Muskelbereiche und -funktionen trainiert werden, die tatsächlich im Schwimmen beansprucht werden (vgl. Kapitel 3).

Verbesserung des Nerv-Muskel-Zusammenspiels (neuronale Adaptationen):

Ein wesentliches Anzeichen für ein verbessertes Nerv-Muskel-Zusammenspiel die ist Reduzierung des sog. „Kraftdefizits" (BÜHRLE 1985, 92-93). Das Kraftdefizit ist gekennzeichnet durch die Differenz zwischen dem Krafthöchstwert, der durch eine künstliche elektrische Stimulation erreicht wird, und dem Krafthöchstwert, der durch die willentliche Anspannung der Muskeln erreicht wird. Ein hohes Kraftdefizit weist darauf hin, daß der Sportler seine vorhandenen motorischen Einheiten, bestehend aus Nerv-Muskel-Verbindungen, nicht in ausreichendem Maße einsetzen kann. Ein niedriges Kraftdefizit läßt vermuten, daß der Sportler die meisten seiner motorischen Einheiten einsetzt. Um seine Muskelzugkraft zu erhöhen, müßte dieser Sportler seinen Querschnitt vergrößern, während der erste Sportler durch ein entsprechendes Training seinen vorhandenen Muskelquerschnitt besser ausnutzen müßte (Verbesserung der intramuskulären Koordination).

Eine weitere Verbesserungsmöglichkeit infolge von neuronalen Anpassungen liegt in der Optimierung der intermuskulären Koordination. SALE (1989) nennt in diesem Zusammenhang die folgenden möglichen Trainingswirkungen:

(1) bessere Koordination der Aktivität aller beteiligten Muskeln;
(2) volle Aktivierung der Hauptantriebsmuskulatur in spezifischen Bewegungen;
(3) maximale Kraftbeträge länger aufrecht halten;
(4) Optimierung der Aktivität der antagonistischen Muskulatur, so daß eine größere „Nettokraft" in die gewünschte Richtung erzeugt werden kann.

Es muß jedoch unbedingt beachtet werden, daß die Qualität des intermuskulären Zusammenspiels immer an den spezifischen Bewegungsablauf gebunden ist und nicht von einer Bewegung auf die andere übertragen werden kann. Die Konsequenz für das Krafttraining von Schwimmern lautet:

Krafttraining für das intermuskuläre Zusammenspiel soll im Wasser durchgeführt werden (vgl. Kapitel 5.1), da die Bedingungen im Wasser nicht an Land simuliert werden können (vgl. HOPPER et al. 1983, 113).

Verbesserung der energiebereitstellenden Vorgänge:

Eine Verbesserung der Leistungsfähigkeit durch Krafttraining umfaßt neben der Erhöhung der Muskelzugkraft auch eine Funktionsverbesserung der energiebereitstellenden Systeme. TROUP/REESE (1983) berichten über die Erhöhung der Konzentration von Adenosintriphosphat, Kreatinphosphat und Glykogen, was besonders für Sprinter von Interesse ist. WERCHOSHANSKI (1988) behauptet, das Krafttraining erhöhe in stärkerem Maße als das Ausdauertraining den Gehalt an Hämoglobin und Myoglobin, so daß Krafttraining auch für Mittel- und Langstrecker regelmäßige Trainingsinhalte bilden sollte.

Umwandlung von Muskelfasern:

Ein Muskel besteht aus motorischen Einheiten, d.h. aus einem „Bündel" von Muskelfasern, das von einem Nerven gesteuert wird. Die Muskelfasern einer motorischen Einheit sind immer vom gleichen Typ und sind mit Nerven verbunden, die sich in der Reizleitungsgeschwindigkeit unterscheiden.

Vereinfacht kann man von zwei Fasertypen bzw. motorischen Einheiten ausgehen: **(1) Die schnell-zuckenden Fasern bzw. motorischen Einheiten**, welche in der Lage sind, hohe Kraftbeträge in kurzer Zeit zu erzeugen aber schnell ermüden. (2) **Die langsam-zuckenden Fasern bzw. motorischen Einheiten**, die im Vergleich zu den vorher genannten geringere Zugkräfte entwickeln und hierzu länger brauchen, dafür aber widerstandsfähiger gegenüber Ermüdung sind.

Grundsätzlich ist anzunehmen, daß bei einem Spitzensportler der Ausdauerdisziplinen ein hoher Anteil langsam-kontrahierender motorischer Einheiten in den Hauptantriebsmuskeln vorliegt, während bei einem Sprinter, ein hoher Anteil schnell-kontrahierender motorischer Einheiten besteht. Extreme Verteilungen, die einen Auslesefaktor z.B. für die unterschiedlichen

Streckenlängen in den leichtathletischen Laufdisziplinen darstellen, sind wahrscheinlich in hohem Maße erblich bedingt. Man kann jedoch davon ausgehen, daß eine sportartspezifische Trainingseinwirkung (Kontraktionsgeschwindigkeiten, Höhe der zu erzeugenden Kraftbeträge) in den jeweils tätigen Muskeln, die bei einer komplexen Bewegung zusammenwirken, zu funktionsspezifischen Anpassungen in die eine oder die andere Richtung führt.

Die Faserzusammensetzung scheint beim Schwimmen im Gegensatz zu den leichtathletischen Laufdisziplinen eine weniger gewichtige Rolle für den Erfolg über die unterschiedlichen Streckenlängen zu spielen. Das läßt sich an den unterschiedlichen Streckenlängen verdeutlichen, in denen Spitzenschwimmer Weltklasseleistungen erbringen können. Eine Erklärung mag sein, daß die eigentlichen Sprintdisziplinen im Schwimmsport noch jung sind und ein richtiges Sprintertraining bislang noch nicht durchgeführt wurde. Der Hauptgrund scheint aber die Tatsache zu sein, daß das Verhältnis von aufgewandter körpereigener chemischer Energie und erzielter mechanischer Leistung in keiner Sportart so ungünstig ist wie im Schwimmen, nämlich max. 10% beim Kraulschwimmen. Deshalb spielen im Schwimmen kinästhetische Faktoren des Wassergefühls, also die Fähigkeit einen möglichst guten „Griff" im Wasser zu finden und eine widerstandsarme Wasserlage, weit größere Rollen als z.B. bei Landsportarten, wo ein fester Stütz zum Abdruck von Boden vorhanden ist.

Im Sinne der **streckenspezifischen Trainingsadaptation** ist es aber völlig falsch, in allen Streckenbereichen des Schwimmens ein Training durchzuführen, das große Anteile aerober Belastungen enthält. Da immer eine funktionelle Anpassung der motorischen Einheiten stattfindet, würde ein Schwimmer mit ausgesprochenen Sprinterqualitäten innerhalb einer Saison jeweils vom Langstrecker über den Mittelstrecker zum Sprinter „umgepolt", wenn er nach den im Schwimmsport bislang üblichen Periodisierungsschemata trainieren würde.

Zusammenfassend bleibt festzuhalten, daß Anpassungen durch ein Krafttraining in erster Linie in der Vergößerung des Muskelquerschnitts, in der Verbesserung des intramuskulären und des intermuskulären Zusammenspiels zu erwarten sind. Bei der Planung des

Krafttrainigs (vgl. Kapitel 6) muß beachtet werden, daß die genannten Anpassungen unterschiedlich lange Zeiträume benötigen, um ein größtmögliches Anpassungsniveau zu erreichen. Bei einem Training zur Verbesserung der intramuskulären Koordination ist nach ca. sechs Wochen mit großer Verbesserung zu rechnen, bei der Verbesserung des intermuskulären Zusammenspiels sogar schon nach zwei Wochen. Lediglich das Trainingsziel „Vergrößerung des Muskelquerschnitts" kann über längere Zeiträume verfolgt werden. Wobei sich auch hier ein periodischer Methodenwechsel positiv auswirkt. POLIQUIN (1987) vertritt einen Wechsel des Trainingsprogramms jeweils nach zwei Wochen.

Die leistungsrelevanten Muskelgruppen wurden anhand einer funktionell-anatomischen Analyse der Phasenstruktur der Schwimmbewegungen bestimmt. Sie ermöglichen eine entsprechende Übungsauswahl. Es bleibt also die Frage, mit welchen Methoden die o.g. Anpassungen erreicht werden und welche Geräte eingesetzt werden können.

Da an dieser Stelle nicht alle derzeit erhältlichen Krafttrainingsgeräte vorgestellt werden können, sollen diejenigen Geräte einer genaueren Betrachtung unterzogen werden, die momentan in der Schwimmtrainingspraxis am häufigsten eingesetzt werden. Eine Befragung der Schwimmerinnen und Schwimmer der Nationalmannschaft des Deutschen Schwimmverbandes führte zu dem Ergebnis, daß sog. **Synchrontrainingsgeräte** am häufigsten Verwendung finden, gefolgt von Schwimmbänken, Zugseilen und freien Gewichten, also Lang- und Kurzhanteln.

Die Synchrontrainingsgeräte sind mit einem Getriebe ausgestattet, das eine Untersetzung von 2:1 ermöglicht. Streckt der Sportler z.B. sein Bein aus einer gebeugten Stellung in die volle Streckung, also über einen Winkel von 90 Grad, dann bewegt sich das Gewicht auf dem Lastarm nur über einen Winkel von 45 Grad. Hierdurch soll gewährleistet werden, daß die Belastung über einen möglichst großen Bereich der gesamten Bewegung verteilt ist.

Bei der **Verwendung freier Gewichte** stellt man fest, daß die Belastung in bestimmten Winkelpositionen des Gelenks am größten ist. Z.B. bei der Beugung des gestreckten Armes ist dies der Fall, wenn sich der Unterarm in einer horizontalen Position befindet. Hier muß die Arm-

beugemuskulatur ihre größte Zugkraft entwickeln. Vor und nach dem Erreichen der genannten Position sind die Muskeln nicht maximal belastet. Diesem Sachverhalt soll die Getriebeuntersetzung der Synchrongeräte entgegenwirken; der Bereich der maximalen Belastung wird vergrößert. Die Möglichkeit, das Getriebe aus- und an einer anderen Stelle wieder einzurasten, bietet verschiedene Belastungsverteilungen zur Wahl an.

Eine vergleichbare Wirkung kann mit freien Gewichten dann erzielt werden, wenn für das Training eines Gelenks verschiedene Übungen und verschiedene Ausgangspositionen eingesetzt werden. Die Bewegungsgeschwindigkeit sollte gleich bleiben und so gewählt werden, daß die Trägheiteffekte beim Beschleunigen der Last minimal sind.

Der **Einsatz von Zugseilen** im Training bringt das Problem mit sich, daß der Widerstand mit zunehmender Auszugslänge wächst. Besonders der Anfänger hat dann Schwierigkeiten, die vorgeschriebene Endposition zu erreichen. Zwischenzeitlich sind Zugseile jedoch in einem ausreichenden Zugstärkenspektrum erhältlich, so daß eine individuell angemessene Belastung erreicht werden kann.

Am besten läßt sich das Problem der Belastungsverteilung über den gesamten Bewegungsradius durch die **Verwendung isokinetischer Trainingsgeräte** lösen. Bei isokinetischen Geräten wird durch hydraulische und/oder elektronische Vorrichtungen die außen meßbare Bewegungsgeschwindigkeit gleichgehalten. Vermutlich kontrahiert die Muskulatur hierdurch ebenfalls mit konstanter Geschwindigkeit. Sie muß also aufgrund der Hill'schen Kraft-Geschwindigkeits-Beziehung über den gesamten Bewegungsradius, den der gegebenen Geschwindigkeit entsprechenden maximalen Kraftbetrag erzeugen.

Aufgrund der hohen Anschaffungskosten ist ein Einsatz der derzeit erhältlichen isokinetischen Geräte (Cibex, Lido, Kin-Trex etc.) im Training kaum möglich. Die im Schwimmsport häufig eingesetzten Geräte Mini-Gym und biokinetische Schwimmbank gewährleiten keine konstante Bewegungsgeschwindigkeit, so daß hier allenfalls von einem **quasi-isokinetischen Training** gesprochen werden kann.

Bei der Anschaffung von Trainingsgeräten sollte insbesondere darauf geachtet werden,
– daß eine möglichst gleichmäßige Belastungs-

verteilung über den gesamten Bewegungsradius gewährleistet wird und
– daß die Belastungsverteilung variiert werden kann.

Erfolgt die Widerstandsgebung durch Gewichte, so sollten möglichst solche Geräte angeschafft werden, die einen Gewichtsblock fest installiert haben. Hier kann die Belastung durch Umstecken verändert werden ohne daß Gewichte bewegt werden müssen.

An dieser Stelle soll nochmals hervorgehoben werden, daß wirkungsvolles Krafttraining nicht an kostspielige Geräte gebunden ist. Der Erfolg ist in erster Linie von der richtigen Methoden- und Übungswahl abhängig.

5.1 Muskelspezifische Kräftigung: Vergrößerung des Muskelquerschnitts und Verbesserung der intramuskulären Koordination

5.1.1 Methoden zur Vergrößerung des Muskelquerschnitts

Die Erfahrung hat gezeigt, daß sich der Muskelquerschnitt am wirkungsvollsten mit **submaximalen Belastungen, d.h. mit ca. 60-80 % der maximalen Belastung, und Wiederholungszahlen von 6-15** vergrößern läßt. **Pro Übung sollten 3-6 Sätze durchgeführt werden.** Eine Intensivierung dieser Trainingsform wird durch sog. **Bodybuilding-Methoden** erreicht. Hierbei werden folgende Prinzipien angewendet:

Prinzip der Vorermüdung: Hierbei werden jeweils zwei Übungen für die gleiche Muskelgruppe kombiniert. Im ersten Satz führt der Sportler z.B. „Fliegende" Bewegungen mit Kurzhanteln durch und geht dann ohne Pause zum Bankdrücken und führt auch hier einen Satz aus. Das Prinzip der Vorermüdung läßt sind am besten in der Kombination von eingelenkingen und mehrgelenkigen Übungen verwirklichen. Diese Kombination von zwei Übungen nennt man **Supersatz.** Supersätze empfehlen sich auch für die Kombination von Übungen für die Synergisten (z.B. Beinstrecken) und Antagonisten (z.B. Beinbeugen).

Bei eingelenkigen Übungen findet eine Bewegung lediglich in einem Gelenk statt, während bei **mehrgelenkigen Übungen** immer mehrere Gelenke und damit auch eine größere Anzahl von Muskeln beteiligt sind. Eingelenkige Übungen ermöglichen also eine gezieltere Einwirkung auf die Gelenk-Nerv-Muskel-Einheit. Beispiele für eingelenkige Übungen sind das Zusammenführen der Arme aus der Seit- in die Vorhalte (fliegende Bewegungen), Überzüge mit gestreckten Armen, Armbeugen u.v.m.. Übungen wie Bankdrücken, Bankziehen oder Kniebeugen werden als mehrgelenkig bezeichnet.

Prinzip der erzwungenen Wiederholungen: Der Sportler führt hierbei so viele Wiederholungen durch, bis er den Widerstand nicht mehr überwinden kann. Ein Partner unterstützt ihn nun in der überwindenden Phase der Bewegung (konzentrischer Teil) gerade soweit, daß er zwei bis drei zusätzliche Wiederholungen schafft. In der nachgebenden Phase (exzentrischer Teil) hilft er ihm nicht mehr.

Prinzip der negativen Wiederholungen: Während des konzentrischen Teils der Bewegung überwindet der Sportler z.B. den Widerstand einer Hantel, im exzentrischen Teil der Bewegung drückt ein Partner zusätzlich das Gewicht in die Ausgangsposition zurück.
Die Trainingsprinzipien (2) und (3) beruhen auf der Tatsache, daß in der exzentrischen Phase einer Bewegung mehr Gewicht bewältigt werden kann als in der konzentrischen Phase. Bei **exzentrischen Kontraktionen** wird durch die Reizung der Sehnenspindel der Dehnungsreflex ausgelöst (vgl. 4.). Darüberhinaus besitzt ein Muskel elastische Anteile, die bei einer exzentrischen Kontraktion wie eine Feder gespannt werden. Beide Mechanismen unterstützen die willkürliche Kontraktion und werden z.B. bei allen Ausholbewegungen genutzt. Man kann deshalb einen Ball nach einer Ausholbewegung weiter werfen, als ohne vorherige Ausholbewegung.

5.1.2 Methoden zur Verbesserung der intramuskulären Koordination

Wenn das Trainingsziel darin besteht, die an einer Bewegung beteiligten Nerv-Muskelsysteme zum Einsatz möglichst vieler motorischer Einheiten zu befähigen, so muß sichergestellt werden, daß diese Muskeln gegen solch große Widerstände kontrahieren, daß nahezu alle motorischen Einheiten zur Widerstandsüberwindung eingesetzt werden müssen. Zu diesem Zweck werden sog. **Maximalgewicht- oder**

Maximalkraft-Methoden eingesetzt. Sie erfordern **Belastungsintensitäten von 80-100%, wobei 5-6 Sätze mit je 1-5 Wiederholungen durchgeführt werden.**

Die **Verbesserung des intermuskulären Zusammenspiels** ist an die spezifische Bewegung gebunden. Diesem Trainingsziel ist das Kapitel 5.1 „Krafttraining im Wasser" gewidmet. Die beiden o.g. Methoden mit der Zielstellung der intramuskulären Koordinationsverbesserung und der Vergrößerung des Muskelquerschnitts lassen sich am besten durch Landtraining verwirklichen. Die Zuordnung der Trainingsanpassungen ist keinesfalls so eindeutig, wie es die o.g. Aufzählung von Trainingsmethoden glauben macht. Vielmehr versteht sich die Unterscheidung in einzelne Methoden so, daß die jeweilige Methode nur **in erster Linie** das jeweilige Trainingsziel ansteuert.

Um die **Spezifik** der ausgewählten Übungen vom Nachwuchstraining zum Hochleistungstraining und innerhalb der Trainingsaison zum Wettkampfhöhepunkt hin zu steigern, müssen die Übungen im Hinblick auf die zu verbessernde Funktion vor dem Hintergrund der funktionell-anatomischen Analyse der Schwimmbewegungen klassifiziert werden.

Die Spezifik einer Übung hängt eng mit deren **Trainingspotential** zusammen, das durch die Stärke der Einwirkung auf den Zustand des Sportlers charakterisiert wird. Je größer das Trainingspotential einer Übung ist, desto größer ist die Wahrscheinlichkeit der Erhöhung der speziellen Leistungsfähigkeit (vgl. WERCHOSCHANSKI 1988, 98).

Übungen mit hohem Trainingspotential dürfen schwerpunktmäßig erst im Hochleistungstraining eingesetzt werden. Innerhalb einer Saison sollten sie erst in der zweiten Hälfte der Vorbereitungszeit vermehrt eingeplant werden (mehr dazu in 6.).

Die folgenden Übungen sind den Phasenanteilen der Schwimmbewegungen zugeordnet und werden in **speziell-synergistische, allgemein-synergistische und antagonistische Übungen** eingeteilt. Speziell-synergistisch bedeutet, daß bei diesen Übungen die gleichen Muskeln in der gleichen Funktion wie im Schwimmen beansprucht werden. Demgegenüber werden bei allgemein-synergistischen Übungen zwar die gleichen Muskeln wie im Schwimmen angesprochen, jedoch in einer anderen Funktion. Antagonistische Übungen zielen auf die jeweiligen Gegenspieler der bei den vorher genannten Übungen angesprochenen Muskeln.

Man kann davon ausgehen, daß die speziell-synergistischen Übungen über das höchste Trainingspotential verfügen.

Übungssammlung: Funktionelles Krafttraining

Zielstellung: Maximierung der Kraft schwimmspezifisch eingesetzter Nerv-Muskel-Funktionseinheiten. Optimierung der Funktionen der entsprechenden Antagonisten zur Erhaltung des anrthro-muskulären Gleichgewichts.

Hinweis: Die nachfolgend dargestellten Übungen sind den entsprechenden Phasenanteilen der Schwimmbewegungen zugeordnet. Zuerst werden die speziell-synergetischen, dann die allgemein-synergetischen und schließlich die antagonistischen Übungen zum jeweiligen Phasenanteil gezeigt.

Das Aufzeigen eines alternativen Geräteeinsatzes ermöglicht eine Programmzusammenstellung entsprechend der jeweils verfügbaren Geräte.

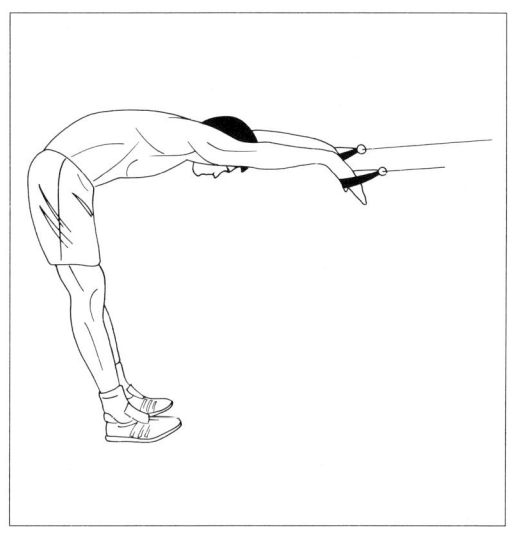

1. Armbewegung/Antriebsphase: Auswärts-Abwärts-(Delphin, Brust) bzw. Abwärts-Auswärts-Anteil (Kraul/Rücken)

Hier: Senken (Adduktion) der Arme im Schultergelenk

1.1 Speziell-synergistische Übungen:
1.1.1 Armsenken aus der Hoch- über die Seit- in die Tiefhalte
1.1.1.1 Als Zugseilübung (Ausgangsstellung)

1.1.1.1 Endstellung

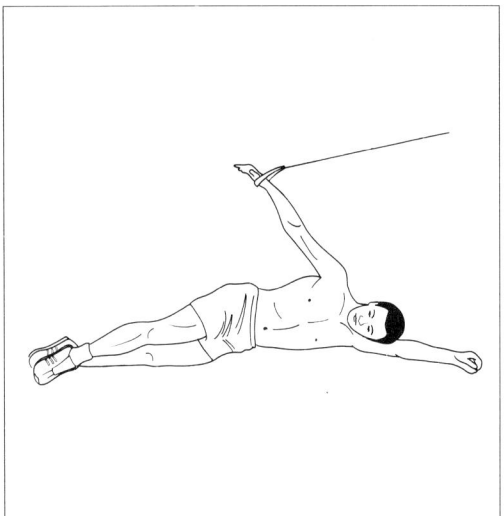

1.1.1.2 Als Zugseilübung in Seitenlage

1.1.1.3 Seitliches Armsenken am Trainingsgerät

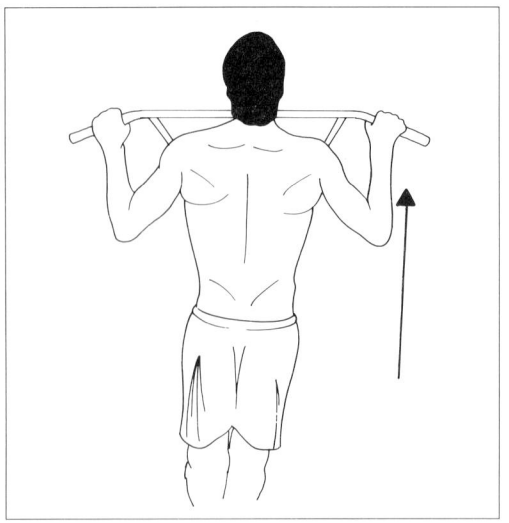

1.2 Allgemein-synergistische Übungen:

1.2.1 „Klimmziehen"

1.2.1.1 Weiter Ristgriff

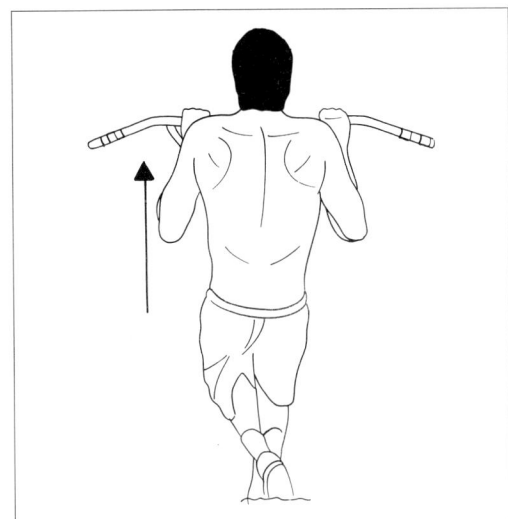

1.2.1.2 Mittlerer Ristgriff

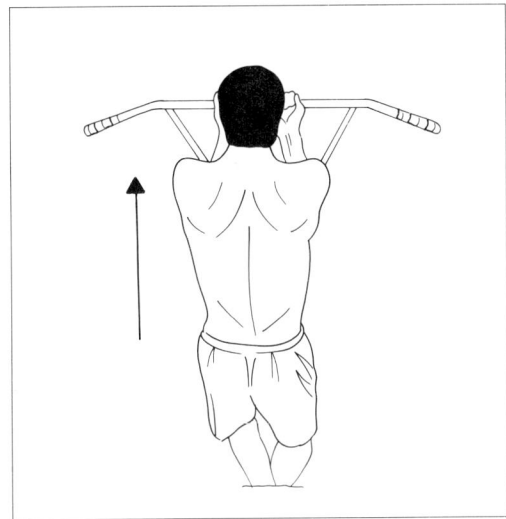

1.2.1.3 Enger Kammgriff

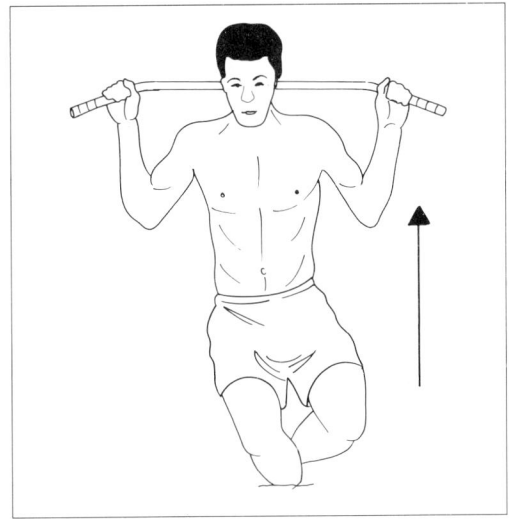

1.2.1.4 Weiter Ristgriff; zum Nacken ziehen

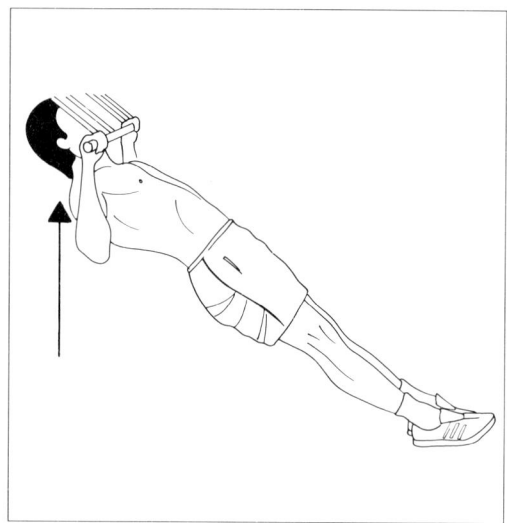

1.2.1.5 Erleichterte Variante für Anfänger

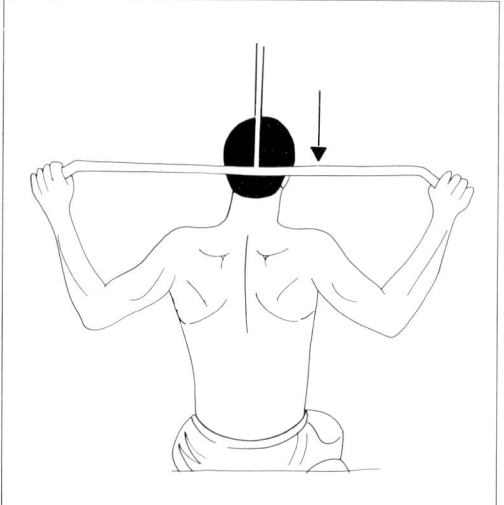

1.2.2 „Ziehen an der Lat-Maschine"
(Latissimus-Maschine)
1.2.2.1 „Nackenziehen"; weiter Ristgriff

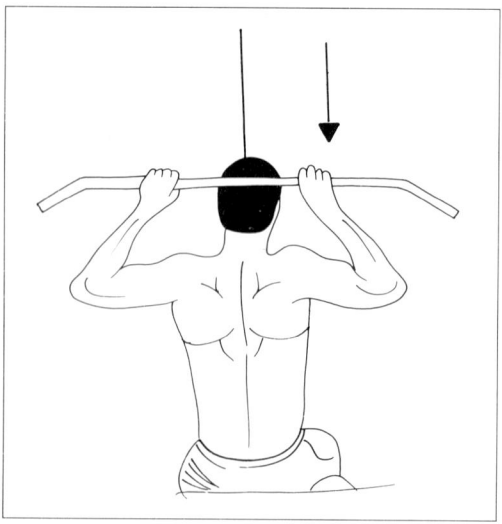

1.2.2.2 „Nackenziehen"; mittlerer Ristgriff

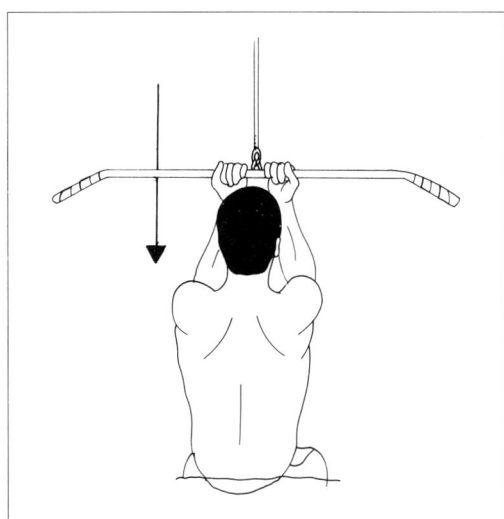

1.2.2.3 „Frontziehen"; enger Kammgriff

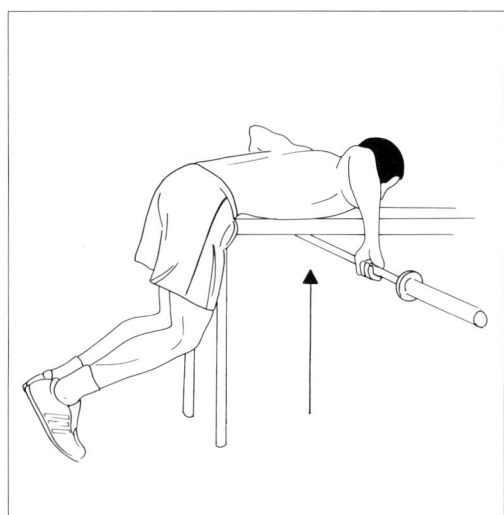

1.2.3 „Bankziehen"

Ausführung: Oberkörper auflegen, Beine hängen locker herunter; nur mit den Armen ziehen; den Oberkörper nicht aufrichten und nicht mit dem Kinn auf die Bank drücken.

1.2.3.1 Weiter Griff, Ziehen zur Brust

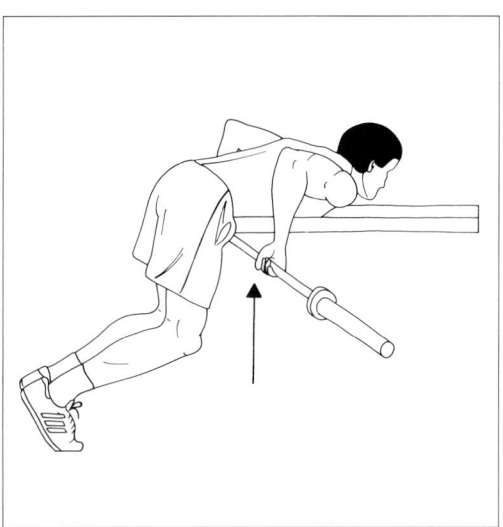

1.2.3.2 Mittlerer Griff, Ziehen zum Bauch

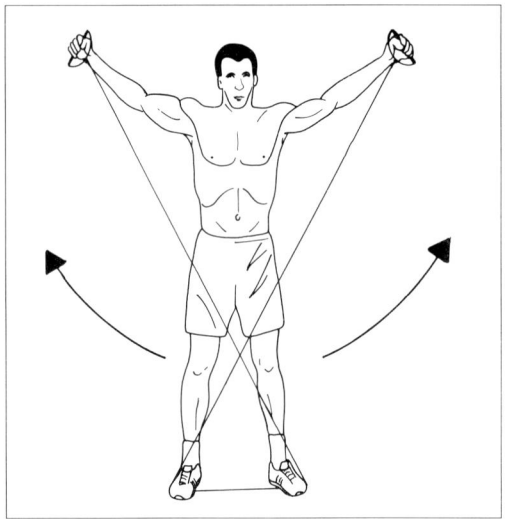

1.3 Antagonistische Übungen:

1.3.1 „Seitheben" der Arme aus der Tief- in die Seithalte

1.3.1.1 Als Zugseilübung

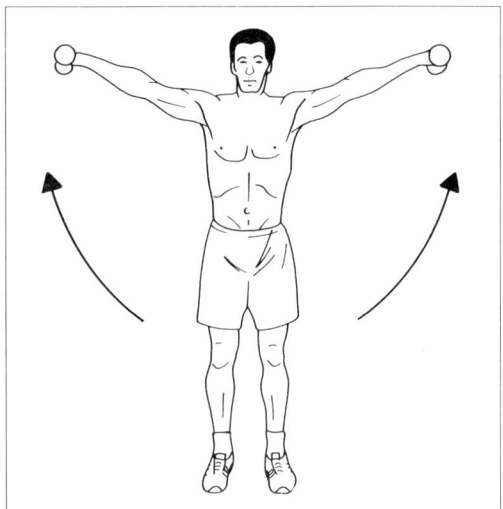

1.3.1.2 Mit Kurzhanteln

1.3.2 „Nackendrücken"

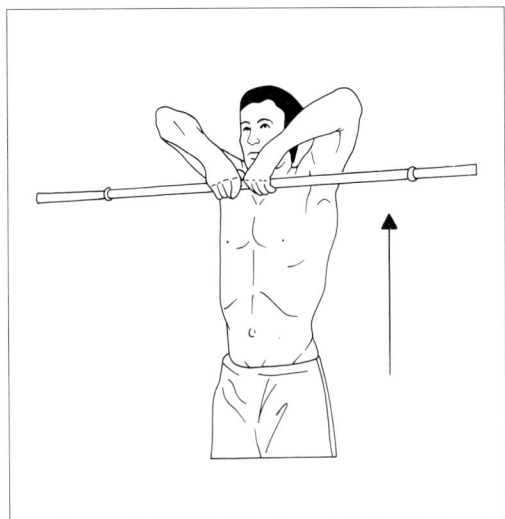

1.3.3 „Aufrechtes Rudern"

2. Armbewegung/Antriebsphase: Auswärts-Abwärts-bzw. Abwärts-Auswärts-Anteil und Einwärts-Aufwärts-Anteil (alle Schwimmarten):

Hier: Innenrotation im Schultergelenk

2.1 Speziell-synergistische Übungen:

2.1.1 „Innenrotation" im Schultergelenk

2.1.1.1 Als Zugseilübung; liegend

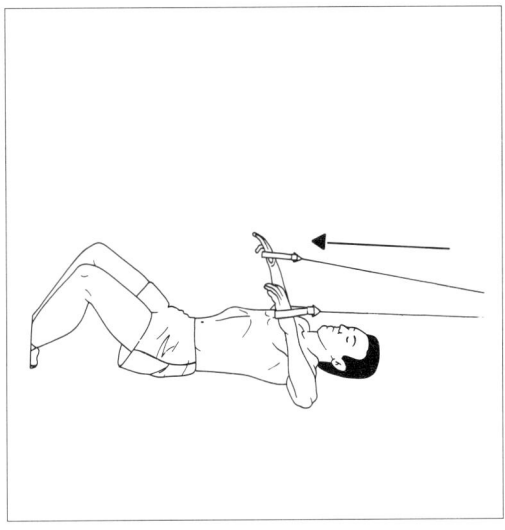

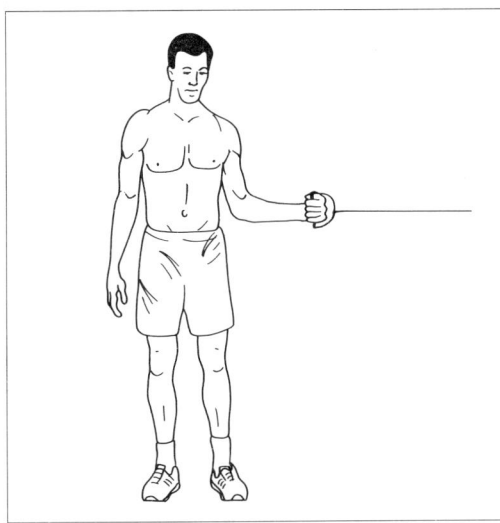

2.1.1.2 Als Zugseilübung; stehend; Ausgangsstellung

Hinweis: Diese Übung kann auch an einem entsprechenden Zugapparat durchgeführt werden.

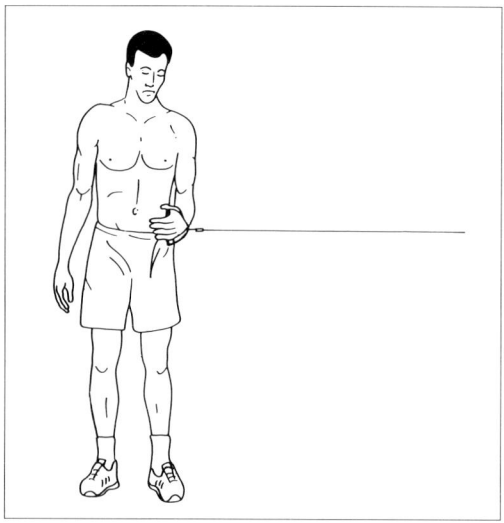

2.1.1.2 Endstellung

2.1.1.3 Mit Kurzhanteln

Hinweis: Diese Übung kann auch mit der Langhantel durchgeführt werden.

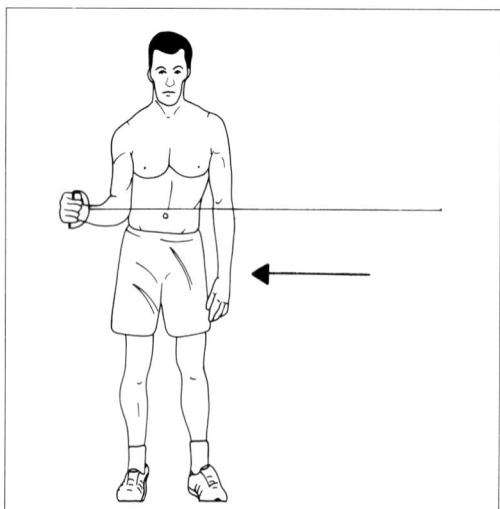

2.2 Allgemein-synergistische Übungen:

Die an der Innenrotation im Schultergelenk beteiligten Muskeln werden durch die unter 1. und 3. dargestellten Übungen mittrainiert.

2.3 Antagonistische Übungen:

2.3.1 „Außenrotation" im Schultergelenk

2.3.1.1 Als Zugseilübung; stehend; Endstellung

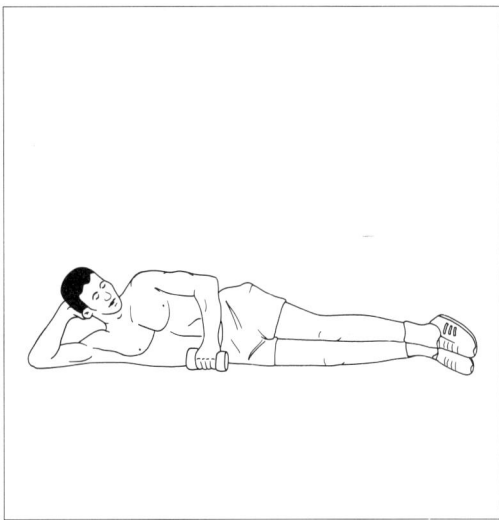

2.3.1.2 Mit der Kurzhantel liegend; Ausgangsstellung

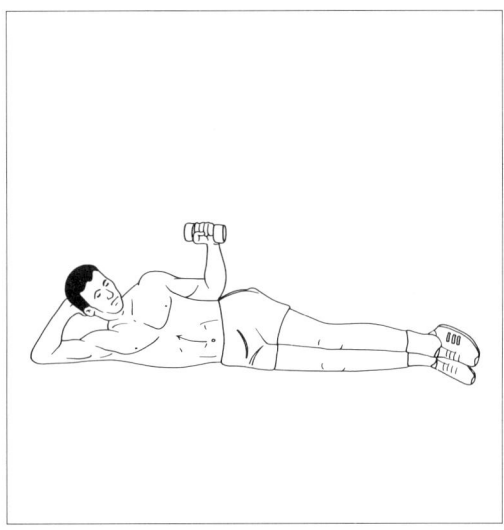

2.3.1.2 Endstellung

3. Armbewegung/Antriebsphase: Einwärts-Aufwärts-Anteil (alle Schwimmarten)

Hier: Beugen der Arme im Ellenbogengelenk

3.1 Speziell-synergistische Übungen:

3.1.1 Nachahmen des Einwärts-Aufwärts-Anteils mit dem „Brust-Trainer"

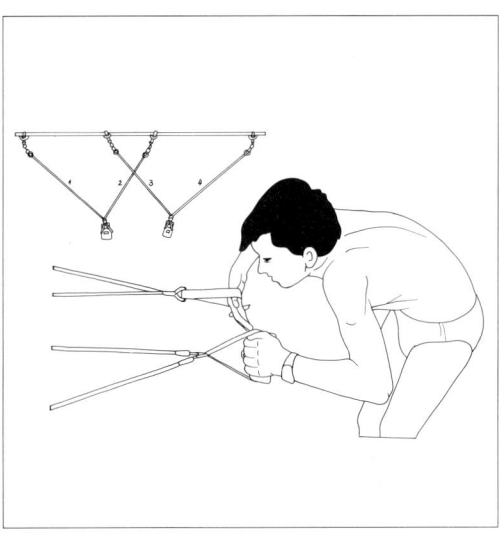

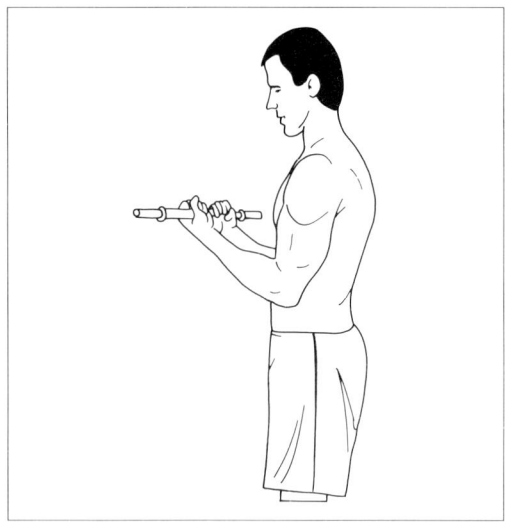

3.2 Allgemein synergistische Übungen:

3.2.2 „Langhantelcurls" stehend

Hinweis: Die Übung sollte nur aus einem Beugen des Ellenbogengelenks bestehen. „Mogeln" durch Rückneigen des Oberkörpers schwächt die Trainingswirkung ab. Um das zu vermeiden, kann sich der Sportler an eine Wand lehnen.

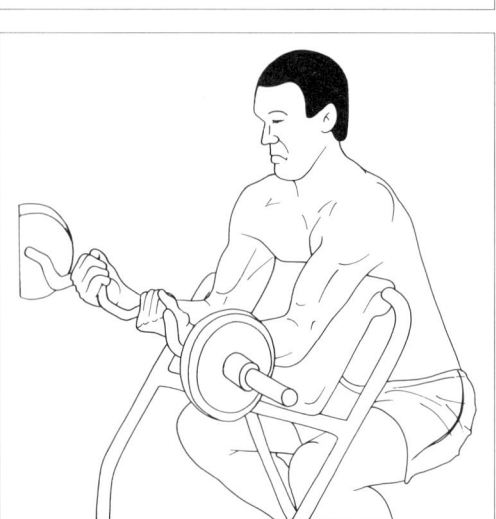

3.2.3 „Scott-Curls" mit einer SZ-Stange

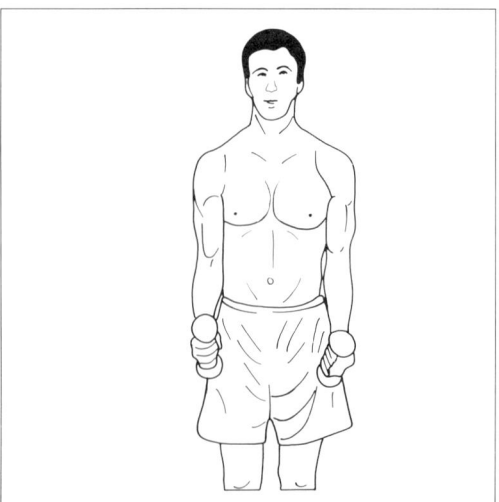

3.2.4 „Kurzhantelcurls"; Ausgangsstellung

Hinweis: Der M. biceps brachii hat drei Funktionen: Beugen des Armes im Ellenbogengelenk, Heben (Abduktion) des Armes im Schultergelenk und Einwärtsdrehen (Supination) des Unterarmes im Ellenbogengelenk. Indem die Kurzhanteln während des Bewegungsablaufes gedreht werden, können die Funktionen Beugen und Einwärtsdrehen trainiert werden.

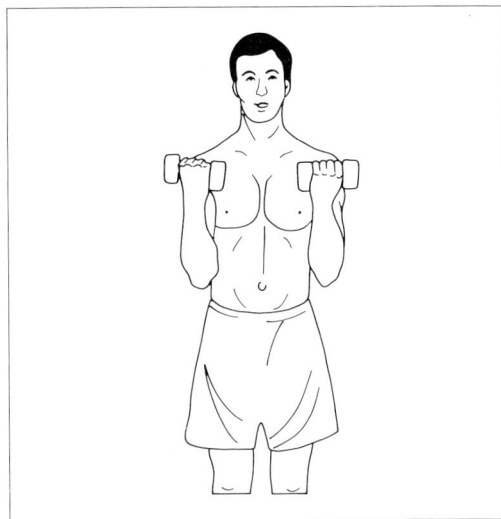

3.2.4 Endstellung

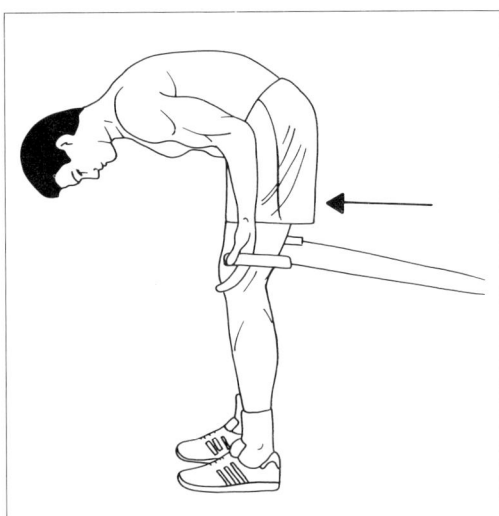

3.2.5 Armbeugen als Zugseilübung; vorgebeugt

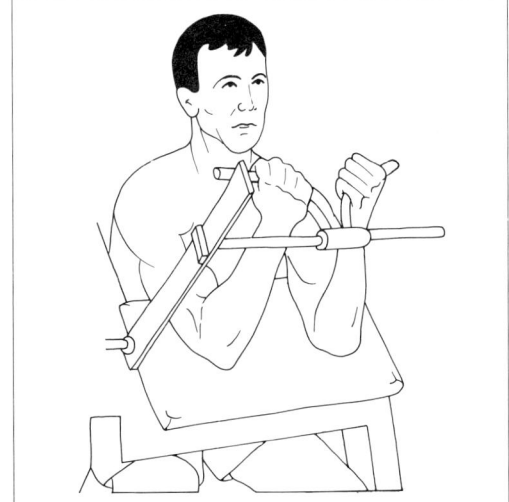

3.2.6 Armbeugen am Trainingsgerät

3.3 Antagonistische Übungen:

Die Antagonisten der Armbeugemuskulatur werden durch die unter 6.1 dargestellten Übungen trainiert.

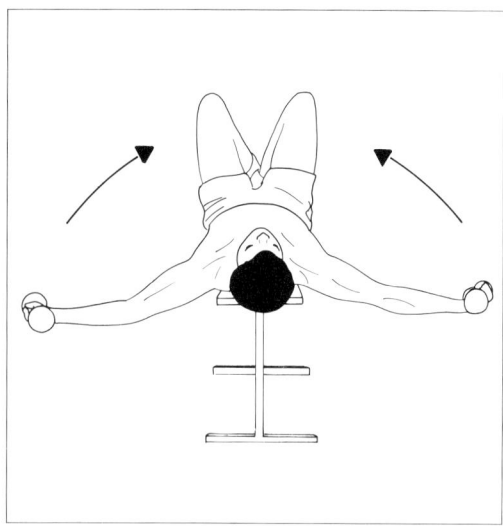

4. Armbewegung/Antriebphase: Einwärts-Aufwärts-Anteil (alle Schwimmarten)

Hier: Vorführen der Arme aus der Seit- in die Vorhalte

4.1 Speziell-synergistische Übungen:

4.1.1 Nachahmen des Einwärts-Aufwärts-Anteils am „Brust-Trainer"; siehe 3.1.1

4.1.2 „Kurzhantel-Flys"

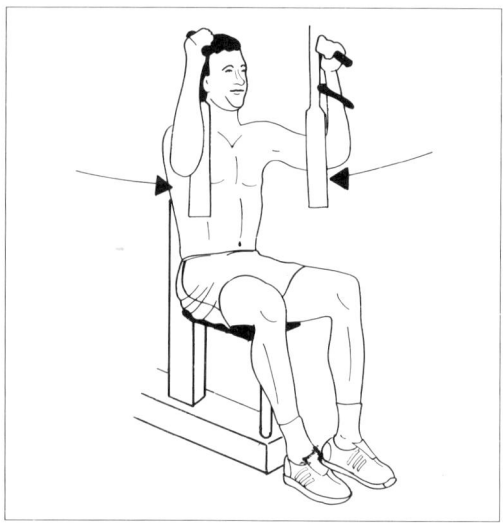

4.1.3 „Butterflys" am Trainingsgerät

4.2 Allgemein-synergistische Übungen:

4.2.1 „Bankdrücken" mit mittlerer Griffweite

Hinweis: Durch Veränderung der Griffweite und des Bankwinkels können mit der Übung des Bankdrückens unterschiedliche Bereiche der Brustmuskulatur trainiert werden. der Rücken muß während der Bewegung fest auf der Bank bleiben. Dieses wird erleichtert, indem die Beine angehockt werden und die Bauchmuskulatur leicht angespannt wird.

4.2.2 „Bankdrücken" mit engem Griff

4.2.3 „Bankdrücken" mit weitem Griff

4.2.4 „Schrägbankdrücken" mit mittlerer Griffweite

4.2.5 „Schrägbankdrücken negativ" (mit tieferliegendem
Oberkörper) mit mittlerer Griffweite

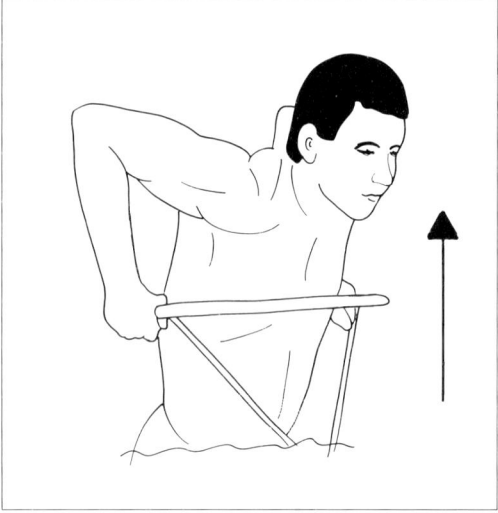

4.2.6 „Dips"

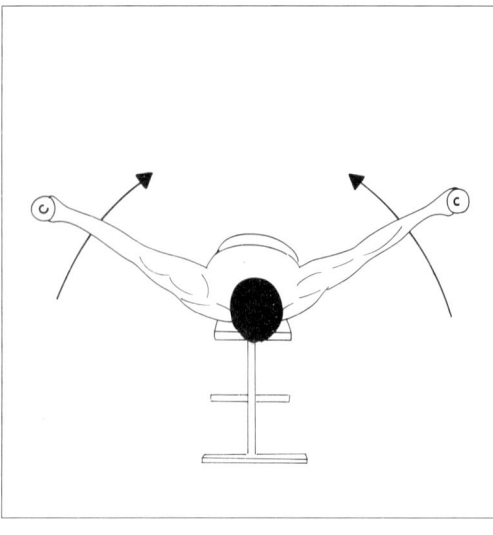

4.3 Antagonistische Übungen:

4.3.1 „Seitheben" liegend mit Kurzhanteln

4.3.2 „Bankziehen" (siehe 1.2.3)

5. Armbewegung/Antriebsphase: Aufwärts- (Kraul, Delphin, Brust-Tauchzug)/Abwärts- (Rücken) Auswärts-Rückwärts-Anteil

Hier: Adduktion der Arme an den Rumpf

5.1 Speziell-synergistische Übungen:

5.1.1 „Pullover" als Zugseilübung

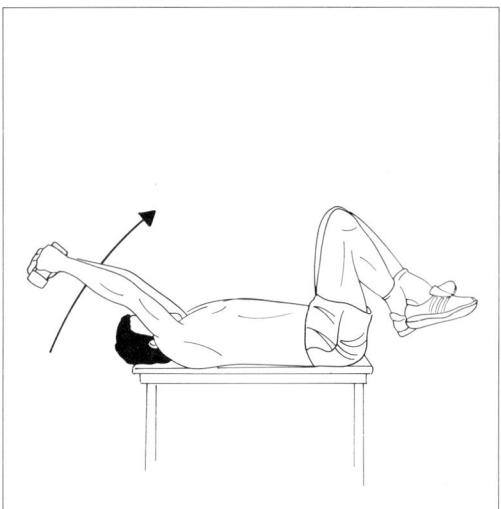

5.1.2 „Pullover" mit einer Kurzhantel

5.1.2 „Pullover" am Trainingsgerät

Wichtig: der Rücken muß während der Bewegung immer fest auf der Bank aufliegen. Das wird erleichtert, wenn die Bauchmuskulatur leicht angespannt wird und die Füße bei angezogenen Beinen aufgestellt sind.

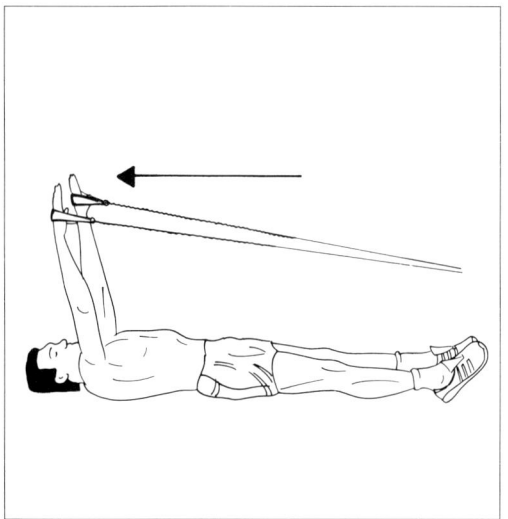

5.2 Allgemein synergistische Übungen:

Alle unter 1.2 dargestellten Übungen

5.3 Antagonistische Übungen:

5.3.1 Heben der Arme aus der Tief- in die Hochhalte („Frontheben") als Zugseilübung

5.3.2 „Frontheben" mit Kurzhanteln

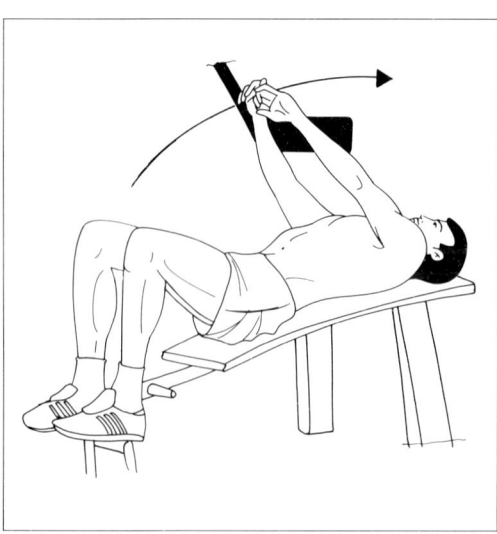

5.3.3 „Frontheben" am Trainingsgerät

Armbewegung/Antriebsphase: Aufwärts- (Delphin, Kraul, Brust-Tauchzug)/Abwärts- (Rücken) Auswärts-Rückwärts-Anteil

Hier: Strecken des Armes im Ellenbogengelenk

6.1 Speziell-synergistische Übungen:

6.1.1 „Armstrecken" als Zugseilübung

6.1.2 „ Armstrecken" als Zugseilübung stehend-vorgebeugt

6.1.3 „Armstrecken" mit einer Kurzhantel liegend

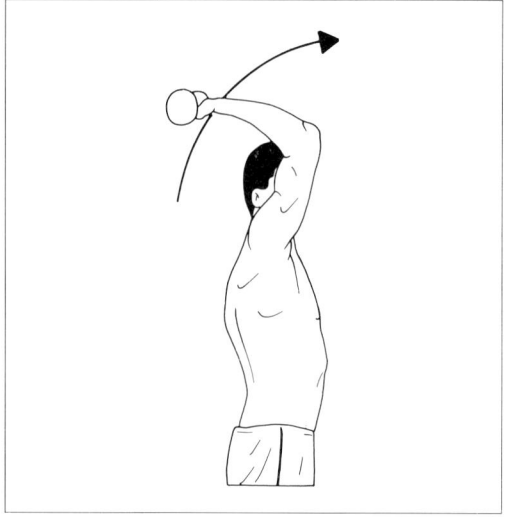

6.2 Allgemein-synergistische Übungen:

6.2.1 „Armstrecken" mit einer Kurzhantel stehend

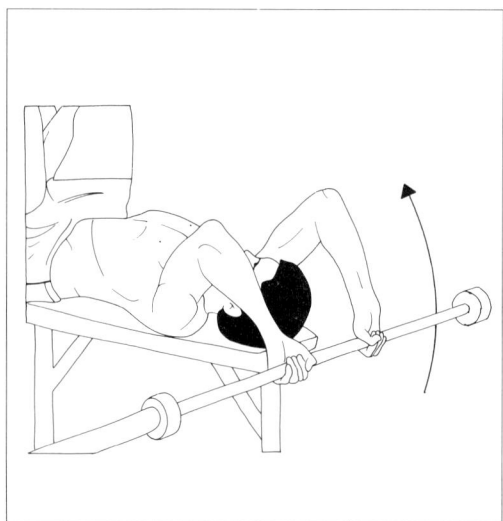

6.2.2 „Armstrecken" mit der Langhantel liegend

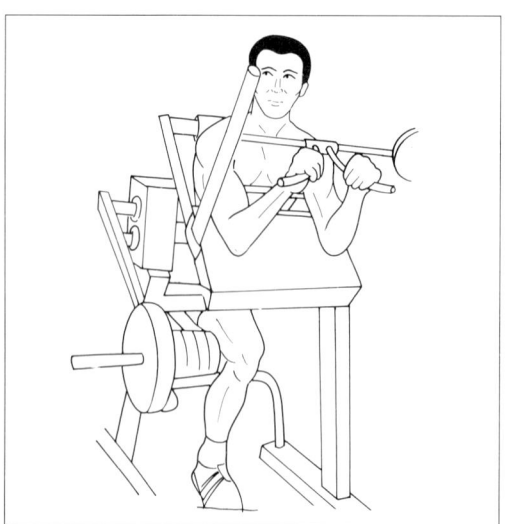

6.2.3 „Armstrecken" am Trainingsgerät

6.3 Antagonistische Übungen:

Die Antagonisten der Armstrecker werden durch die unter 3.2 dargestellten Übungen trainiert.

7. Armbewegung/Antriebsphase

Hier: Stabile Handhaltung während der gesamten Antriebsphase bei allen Schwimmarten.

7.1 Speziell-synergistische Übungen:

7.1.1 „Unterarmcurls" im Untergriff mit der Langhantel

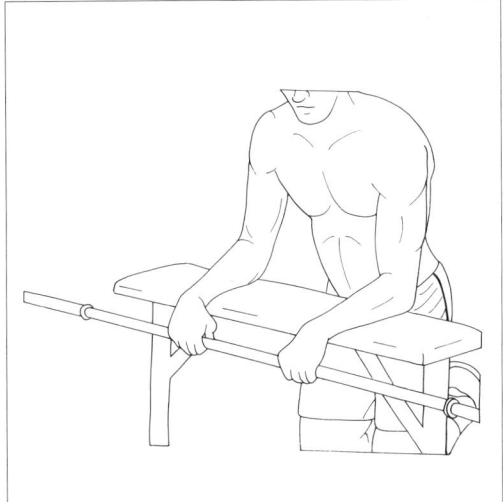

7.1.2 „Unterarmcurls" im Obergriff mit der Langhantel

Hinweis: Die gleichen Übungen können auch mit Kurzhanteln durchgeführt werden. Die Funktion wird z. T. bei allen Zugübungen (z. B. Klimmzüge) und bei allen Armbeugeübungen (z. B. Kurzhantelcurls) mittrainiert.

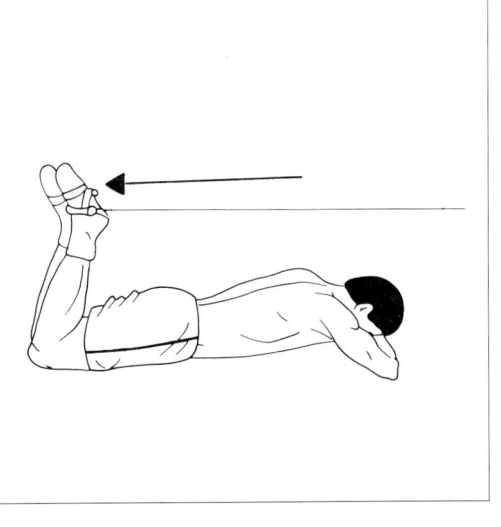

8. Beinbewegung/Antriebsphase (Delphin, Rücken und Kraul); Beinbewegung/Antriebsphase: Auswärts-Anteil (Brust)

Hier: Streckung des Beines im Kniegelenk

8.1 Speziell-synergistischer Übungen:

8.1.1 Beinstrecken als Zugseilübung

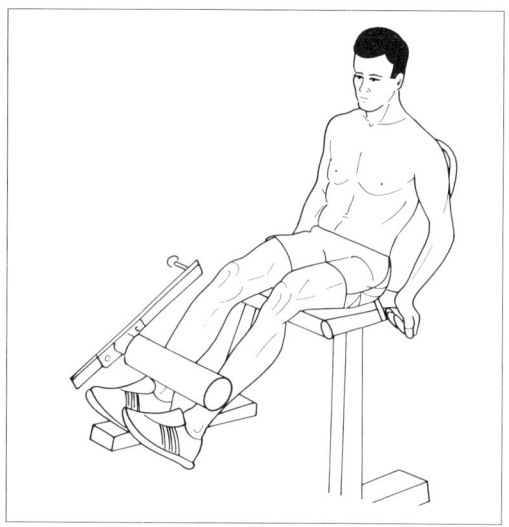

8.1.2 Beinstrecken an der Trainingsmaschine

8.2 Allgemein-synergistische Übungen:

8.2.1 „Kniebeuge" mit der Langhantel auf den Schultern

Wichtig: Die Kniebeuge mit Zusatzgewicht birgt bei fehlerhafter Ausführung ein erhebliches Gefahrenpotential! Diese Übung darf nur dann eingesetzt werden, wenn der Sportler in der Lage ist, in die tiefe Hocke zu gehen, ohne die Fersen vom Boden zu lösen und ohne das Gleichgewicht zu verlieren. Werden Zusatzgewichte verwendet, so sollte die Hantel – wie gezeigt – auf den Schultern gehalten werden, während des Abhockens und Aufstehens muß die Wirbelsäule gerade gehalten werden (Äffchen-Stellung).

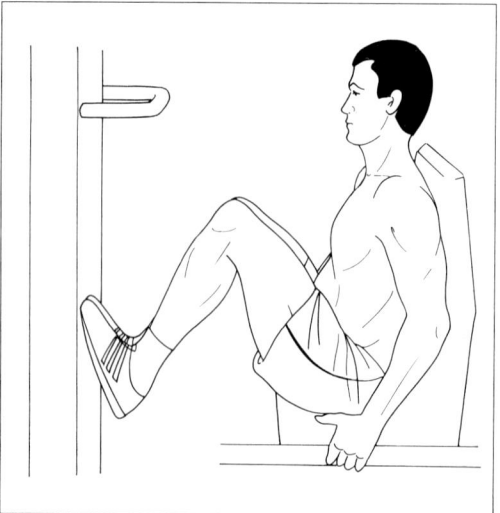

8.2.2 „Legpress" an der Trainingsmaschine

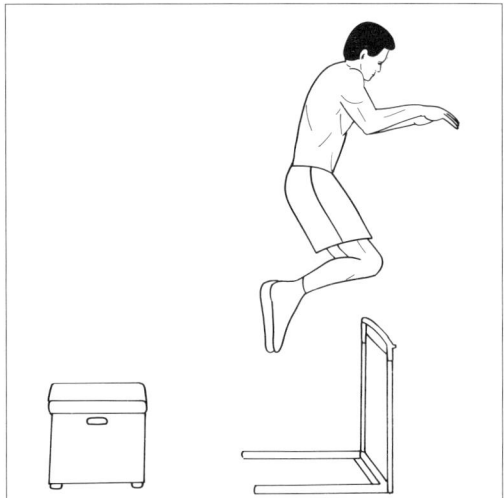

8.2.3 „Hürdensprünge"

Hinweis: Beidbeinige Sprünge über Hindernisse sollten so durchgeführt werden, daß die Fersen nicht den Boden berühren. Bei ausreichender Kraft kann vor dem Sprung über das Hindernis ein Niedersprung von einem kleinen Kasten durchgeführt werden.

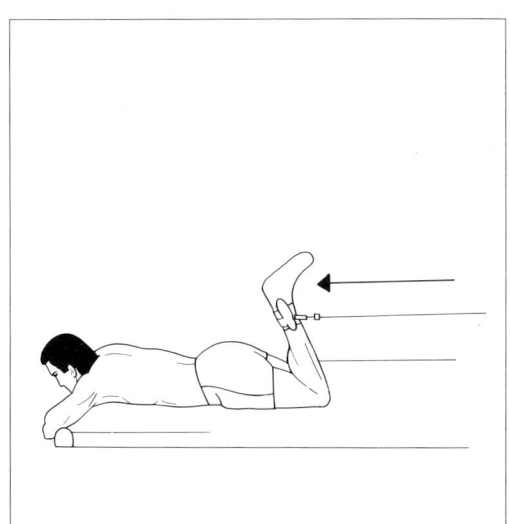

8.3. Antagonistische Übungen:

8.3.1 „Beinbeugen" als Zugseilübung

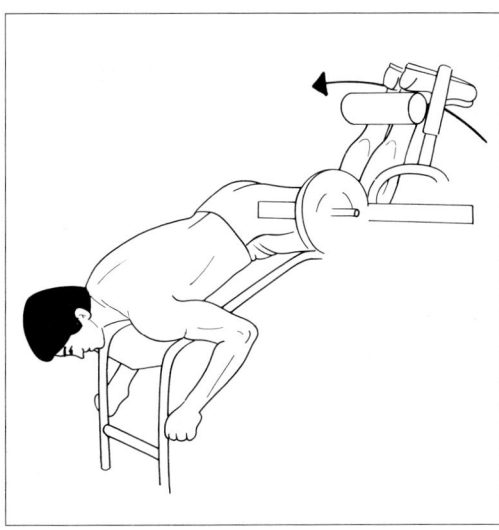

8.3.2 „Beinbeugen" an der Trainingsmaschine

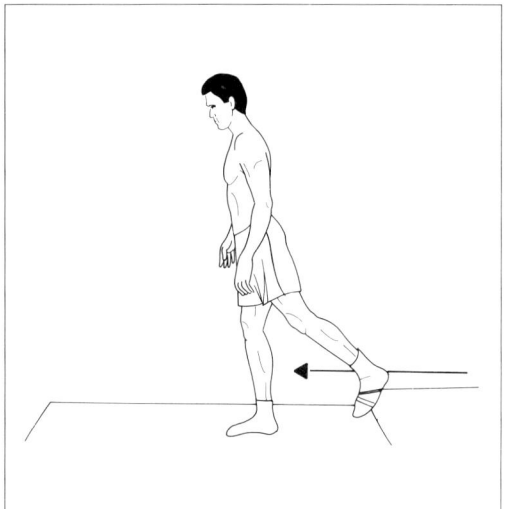

9. Beinbewegung/Antriebsphase (Delphin, Rücken und Kraul)

Hier: Beugen im Hüftgelenk

9.1 Speziell-synergistische Übungen:

9.1.1 „Hüftbeugen" bei gestrecktem Bein als Zugseilstellung

9.2 Allgemein-synergistische Übungen:

9.2.1 „Sit-ups" auf dem Schrägbrett

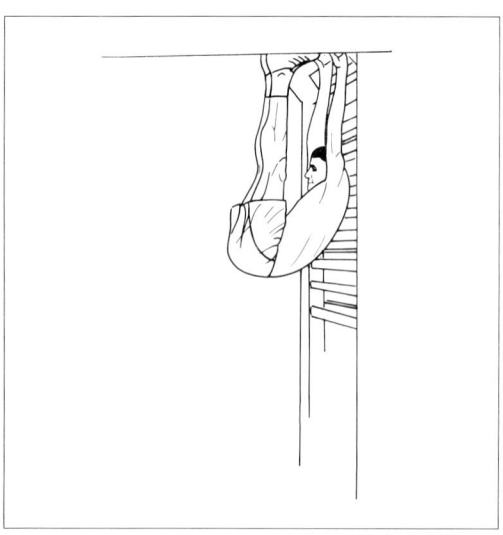

9.2.2 „Kippe" aus dem Hang an der Sprossenwand

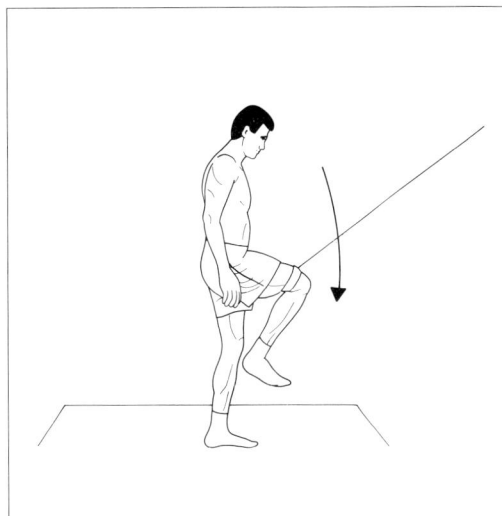

9.3 Antagonistische Übungen:

9.3.1 „Hüftstrecken" als Zugseilübung

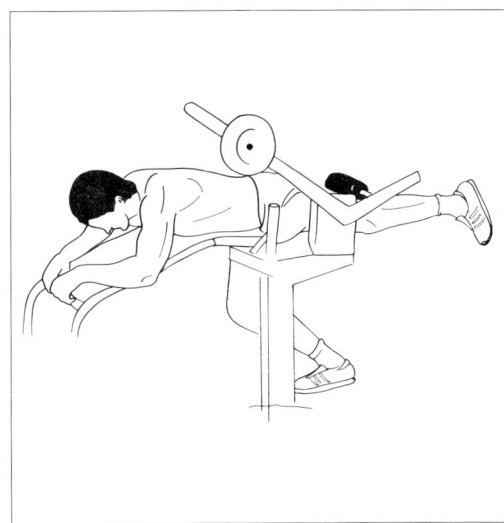

9.3.2 „Hüftstrecken" an der Trainigsmaschine

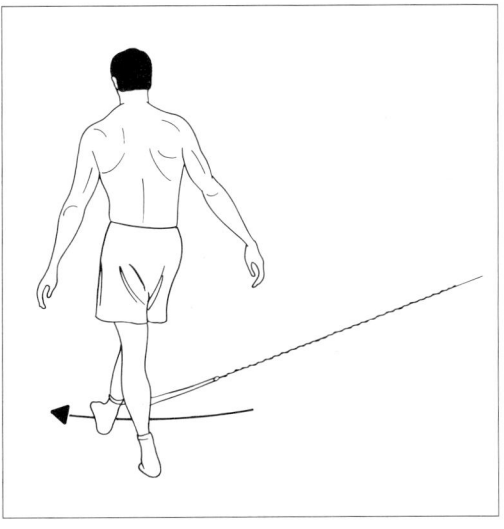

10. Beinbewegung/Antriebsphase: Einwärts-Anteil
(Brust)

Hier: Schließen der Beine

10.1 Speziell-synergistische Übungen:

10.1.1 „Beinschließen" als Zugseilübung

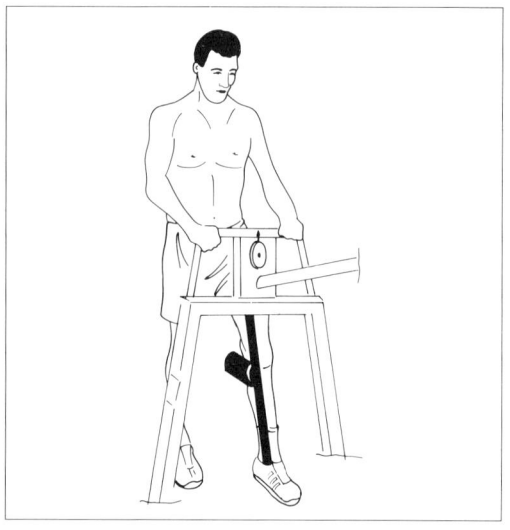

10.1.2 „Beinschließen" am Trainingsgerät

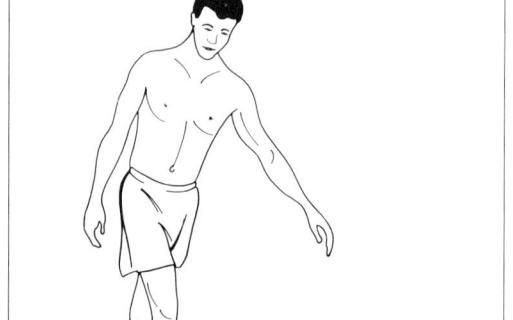

10.2 Allgemein-synergistische Übungen:

Die Funktion wird beim „Kniebeugen" und bei der „Leg-press"-Übung mittrainiert, wenn die Fußstellung über hüftbreit gewählt wird.

Antagonistische Übungen:

10.3.1 „Beinabspreizen" als Zugseilübung

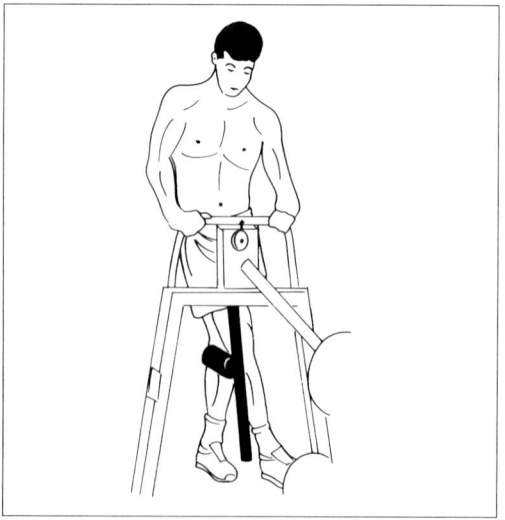

10.3.2 „Beinabspreizen" am Trainingsgerät

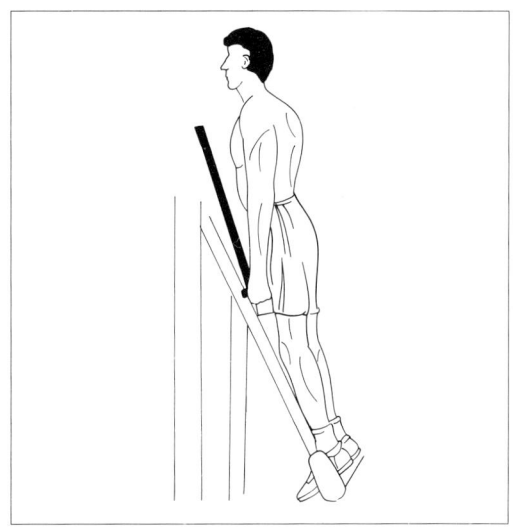

11. Startsprung/Abstoß nach der Wende

Hier: Streckung des Sprung-, des Knie- und des Hüftgelenks. Beim Start verbunden mit einer mehr oder weniger starken Rückneigung des Rumpfes.

11.1 Speziell-synergistische Übungen:

Alle beidbeinigen Sprünge (siehe 8.2.3)

11.2 Allgemein-synergistische Übungen:

11.2.1 „Fußstrecken" stehend am Trainingsgerät

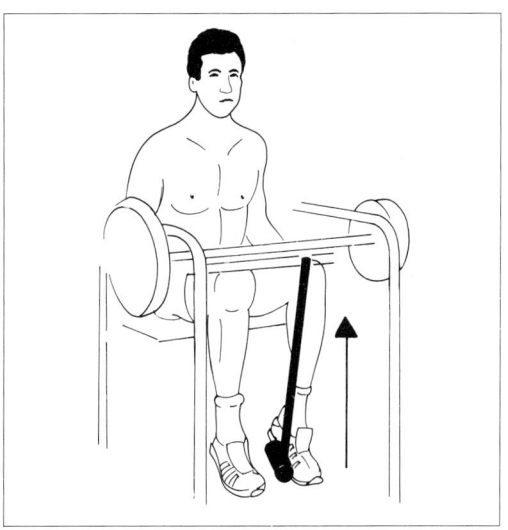

11.2.2 „Fußstrecken" sitzend am Trainingsgerät

Hinweis: Mit den Übungen Fußstrecken stehend und sitzend werden unterschiedliche Teile der Wadenmuskulatur trainiert. Die stehende Variante zielt in erster Linie auf den oberen Teil (M. gastrocnemius), während die sitzende Variante eher den unteren Teil (M. soleus) anspricht.
Die synergistischen und antagonistischen Funktionen werden auch bei allen unter 8. und 9. gezeigten Übungen mittrainiert.

5.2 Rumpfstabilität - eine im Training vernachlässigte Schwachstelle

Eine optimale **„Rumpfstabilität"** ist für den Schwimmer in zweierlei Hinsicht wichtig. Einmal ist Rumpfstabilität die wichtigste Vorausetzung für ausreichende **Belastungstoleranz** bei der Aufnahme eines systematischen Krafttrainings, zum anderen ist sie notwendig, um eine **widerstandsarme Wasserlage** und eine **optimale Übertragung der an den Antriebsflächen wirkenden Kräfte auf den Rumpf** zu gewährleisten. Unter Trainingsgesichtspunkten ist zu beachten, daß die Muskulatur an den Extremitäten eher auf ein Training anspricht als die Rumpfmuskulatur. Ein weiterer Aspekt ist das Zusammenwirken von phasischer und tonischer Muskulatur. Um der Wichtigkeit und Komplexität der Rumpfstabilität zu betonen, wird sie gesondert behandelt, sie muß aber immer im Zusammenhang mit den anderen Trainingsinhalten des Krafttrainings gesehen werden.

Das eigentliche Problem mangelnder Rumpfstabilität erwächst aus der Tatsache, daß Muskeln mit vorwiegender Haltefunktion **(tonische Muskulatur)** zusammenwirken mit solchen, die vorwiegend Bewegungsfunktionen **(phasische Muskulatur)** erfüllen. Tonische Muskeln neigen zu Verkürzungen, da sie ständig angespannt sind, während phasische Muskeln nur zeitweise angespannt werden und zur Abschwächung neigen.

Liegen solche Verkürzungen und Abschwächungen zusammenwirkender Muskelgruppen vor, spricht man von muskulären Dysbalancen, die die Belastbarkeit herabsetzen und zu Reizzuständen in den betroffenen Gelenken und Wirbelsäulenabschnitten führen können (vgl. 3.). In zwei schwimmrelevanten Bereichen wird dieses besonders deutlich:

(1) Die Haltung des Beckens und damit verbunden die Haltung der Lendenwirbelsäule wird von den folgenden Muskeln bestimmt:

– den Hüftbeugemuskeln (Mm.iliopsoas);
– dem zweigelenkigen Teil (Knie- und Hüftgelenk) der kniegelenkstreckenden Muskeln (M. rectus femoris);
– Teilen der rückenstreckenden Muskulatur (M. erector spinae lumbalis).

Diese Muskeln sind oft verkürzt und kippen deshalb das Becken nach vorne. Weiterhin wird die Haltung bestimmt von

– den Gesäßmuskeln (M. glutaeus maximus)
– den Bauchmuskeln

Diese Muskeln sind häufig abgeschwächt und deshalb nicht in der Lage, den o.g. Muskeln entgegenzuwirken. Als Folge kommt es zu einer verstärkten Vorneigung des Beckens und damit zu einer für die Statik des gesamten Körpers ungünstigen Stellung der Lendenwirbelsäule (Hyperlordose).

(2) Die Haltung des Schultergürtels ist speziell bei Schwimmern bestimmt von der Brustmuskulatur, die die Schultern nach vorne zieht und stark zu Verkürzungen neigt. Der Brustmuskulatur wirkt die Schulterblattmuskulatur entgegen (m. infraspinatus, m. teres major und m.deltoideus bewegen den Arm zum Schulterblatt, m. trapezius und mm. rhomboideus major et minor bewegen das Schulterblatt zur Wirbelsäule). Die Schulterblattmuskeln sind aber meist zu schwach, um die Schultern in einer normalen Position zu halten, eine der Ursachen für die Schulterprobleme vieler Schwimmer, die sog. **Schwimmerschulter** (vgl. BECKER 1983, 174). Man erkennt das leicht daran, daß die Schulterblätter etwas vom Rumpf abstehen.

In beiden Fällen wird deutlich, daß muskuläre Dysbalancen verminderte Belastbarkeit und Beschwerden nach sich ziehen können (vgl. Kap.2). Um dem entgegenzuwirken, muß im Training das richtige Verhältnis von Dehnung und Kräftigung berücksichtigt werden: Insbesondere bei zu Verkürzungen neigender Muskulatur müssen die Dehnreize unbedingt überwiegen.

Im o.a. Falle empfiehlt sich folgende Strategie:
Um der Beckenkippung entgegenzuwirken, müssen zunächst die verkürzten Muskeln gedehnt werden. Im nächsten Schritt müssen die abgeschwächten Muskeln gezielt gekräftigt werden, jedoch stets in Kombination mit der Dehnung der verkürzten Muskulatur. Ebenso geht man die Korrektur ungüstiger Schulterstellungen an.

Grundsätzlich soll funktionelles Krafttraining unter Einbezug von Übungen zur Erhaltung oder Verbesserung der Beweglichkeit gerade solche

Erscheinungsbilder vermeiden helfen. Deshalb ist es wichtig, vor der erstmaligen und der wiederholten Aufnahme eines schwimmspezifischen Krafttrainigs die Sportler durch ein spezielles **Rumpfprogramm** vorzubereiten. Dieses Programm sollte dann fester Bestandteil des Trockentrainings bleiben und individuellen Neigungen zu Muskelverkürzungen oder -abschwächungen entgegenwirken. Weiterhin läßt sich durch den zeitweilig gleichgroßen Einsatz von synergistischen und antagonistischen Übungen vermeiden, daß muskuläre Ungleichgewichte eine Minderung der Leistungsfähigkeit nach sich ziehen.

Zu bedenken bleibt allerdings, daß die in 5. dargestellten elementaren Krafteinflußfaktoren (z.B. Sehnenansätze) sportartspezifisch so ausgeprägt sind, daß sich der „talentierte Sportler" vom „Normalsportler" unterscheidet. Diese sportartspezifischen Abweichungen von der Norm sind die Voraussetzung für Spitzenleistungen und müssen bei der Beurteilung von vermeindlichen Dysbalancen beachtet werden.

Um eine gute Basis vor Aufnahme bzw. Wiederaufnahme eines Krafttrainings zu schaffen, sollten folgende Übungen duchgeführt werden. Sie bilden dann in vermindertem Umfang einen festen Bestandteil des Krafttrainings.

Übungssammlung: Rumpfprogramm (RP)

Zielstellung: Erreichen einer funktionellen Beckenstellung durch Dehnung der Hüftbeuge- und Rückenstreckmuskulatur sowie durch Kräftigung der Bauch- und Gesäßmuskulatur.

Hinweis: Wenn Übungen mit unterschiedlichem Schwierigkeitsgrad vorgestellt werden, sollte immer mit der leichtesten Ausführung begonnen werden. Erst wenn sie korrekt gelingt, sollte man zur nächst schwierigeren Ausführung übergehen.

Bei den dargestellten Dehnübungen wird die Entspannung durch tiefes, betontes Ausatmen unterstützt.

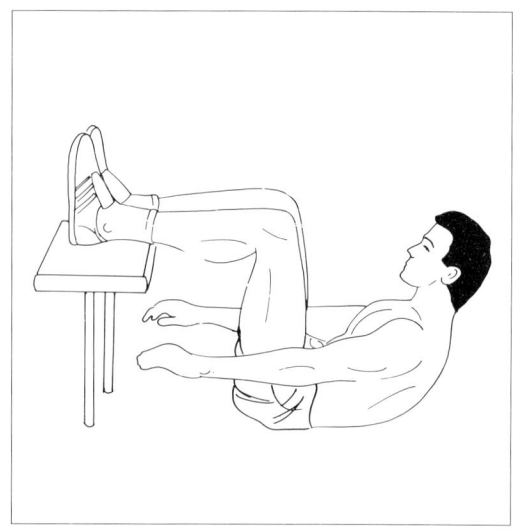

RP 1 Kräftigung der Bauchmuskulatur

RP 1.1 „Sit up" (Arme in der Tiefhalte): 10 – 30 Wiederholungen

Ausführung: Füße auf eine Bank legen und die Beine anziehen, daß sowohl im Hüft- als auch im Kniegelenk ein 90-Grad-Winkel gebildet wird. Aus dieser Position die gestreckten Arme nach vorne schieben und dabei den Kopf und nachfolgend die Schultern vom Boden lösen.

Wichtig: Nur soweit aufrichten, daß der untere Teil der Wirbelsäule auf dem Boden aufliegt!

RP 1.1.1 „Sit up" (Arme in der Nackenhalte): 10 – 30 Wiederholungen

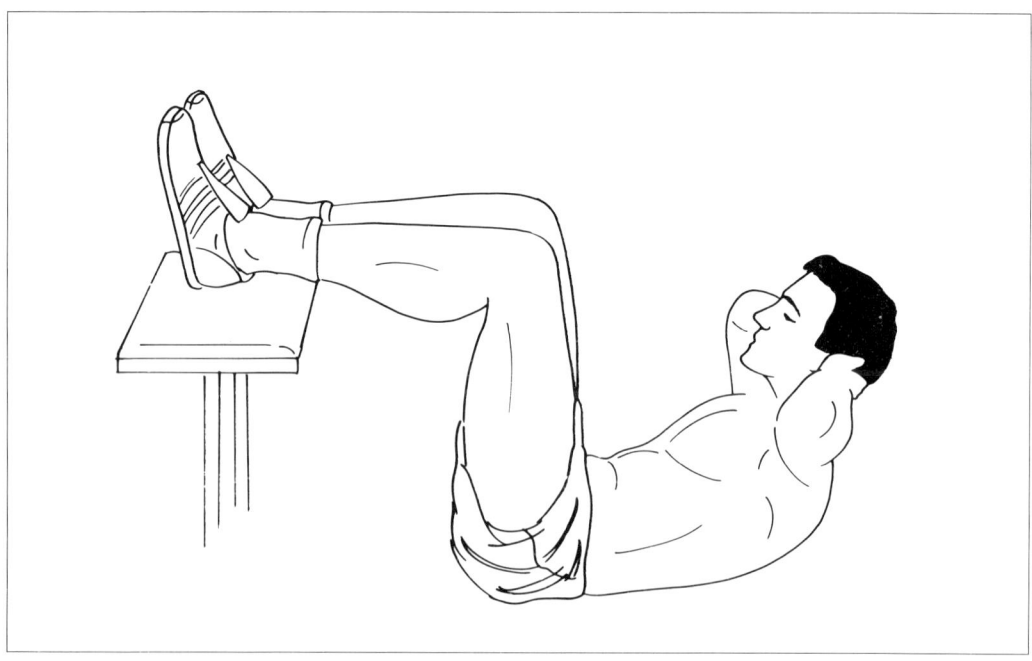

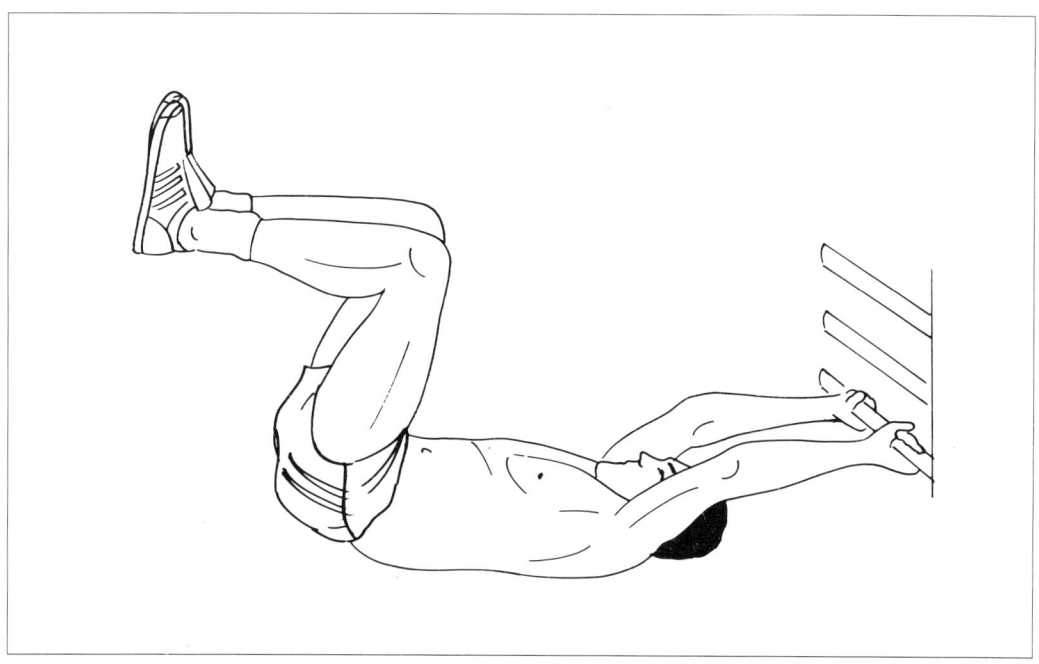

RP 1.2 „Leg raise": 10 – 30 Wiederholungen

Ausführung: An einer Sprossenwand (o. ä.) festhalten und durch Anspannen der Bauchmuskulatur des Becken vom Boden lösen. Hierbei sollen die Knie nicht zum Rumpf gezogen werden, sondern in Richtung Decke bewegt werden.

RP 1.3 „Sit up schräg" (Arme in der Tiefhalte): 10 – 30 Wiederholungen

Ausführung: Siehe RP 1.1; jedoch die gestreckten Arme zu einer Seite schieben.

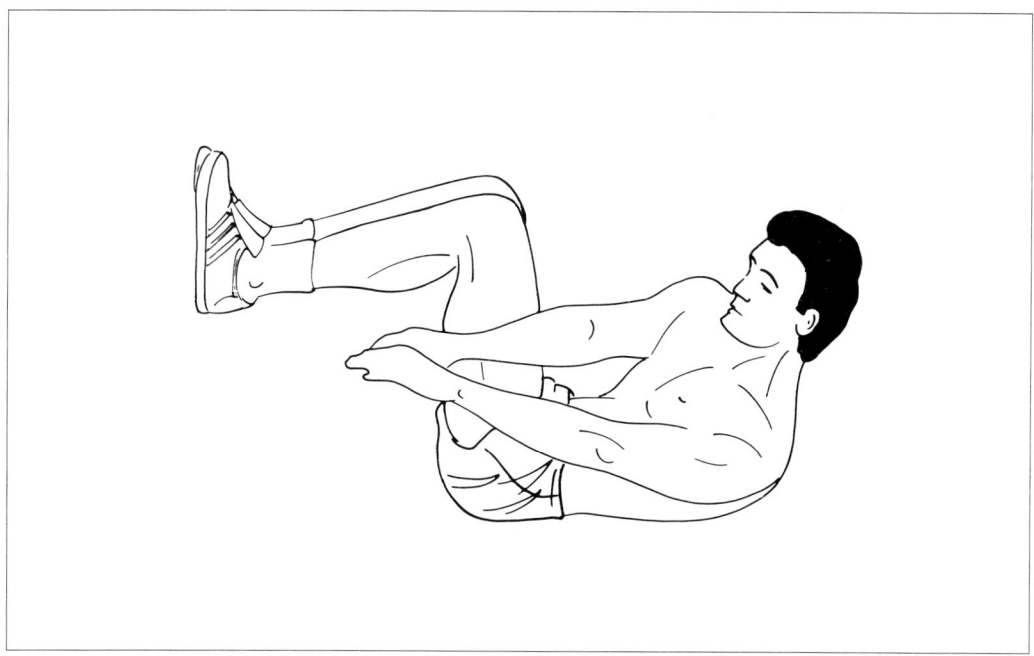

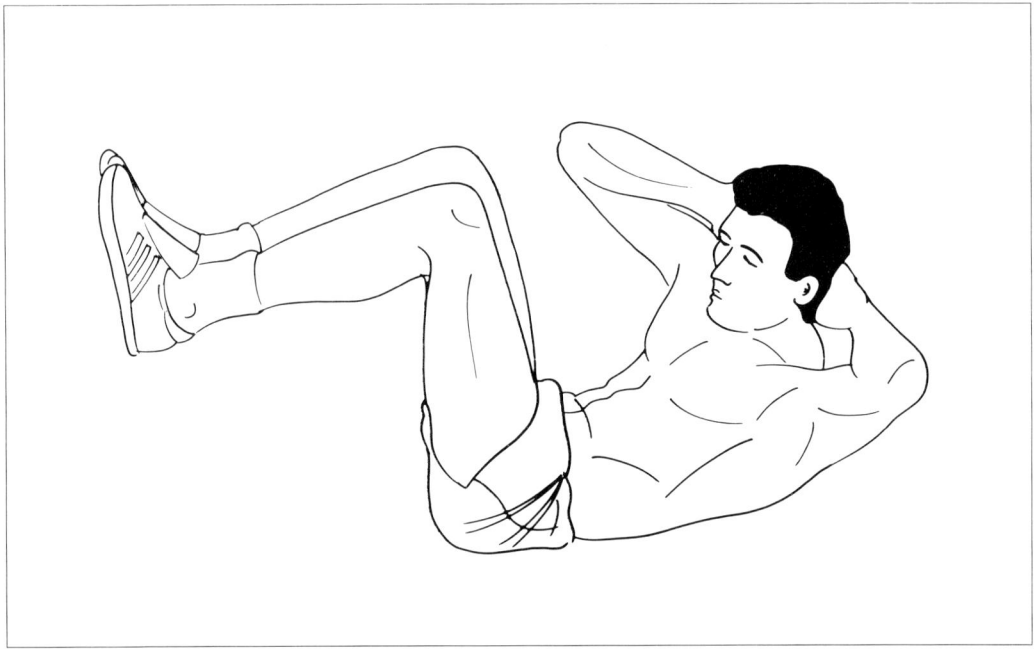

RP 1.3.1 „Sit up schräg" (Arme in der Nackenhalte): 10 – 30 Wiederholungen

RP 1.4 „Leg raise schräg": 10 – 30 Wiederholungen

Ausführung: Siehe RP 1.2; jedoch Becken und Knie nach seitlich oben bewegen.

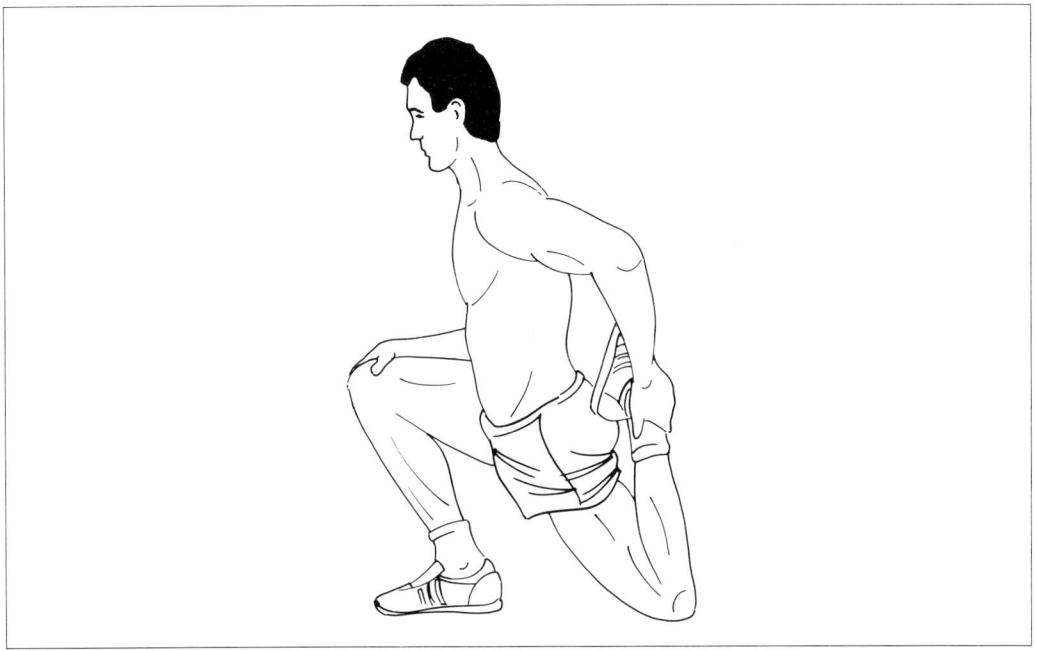

RP 2 Dehnung der Kniegelenkstrecker und der Hüftbeuger

Ausführung: Zunächst durch das Anspannen der Bauchmuskulatur das Becken aufrichten und nach vorne schieben, dann den Fuß langsam zum Gesäß ziehen. Endstellung 10 – 30 Sekunden beibehalten.

RP 3 Kräftigung der Gesäßmuskulatur und Beckenstabilisation:

RP 3.1 „Liegestütz rücklings"

Ausführung: Beine, Becken und Rumpf auf die Körperlängsachse ausrichten. Endstellung 5 – 10 Sekunden beibehalten.

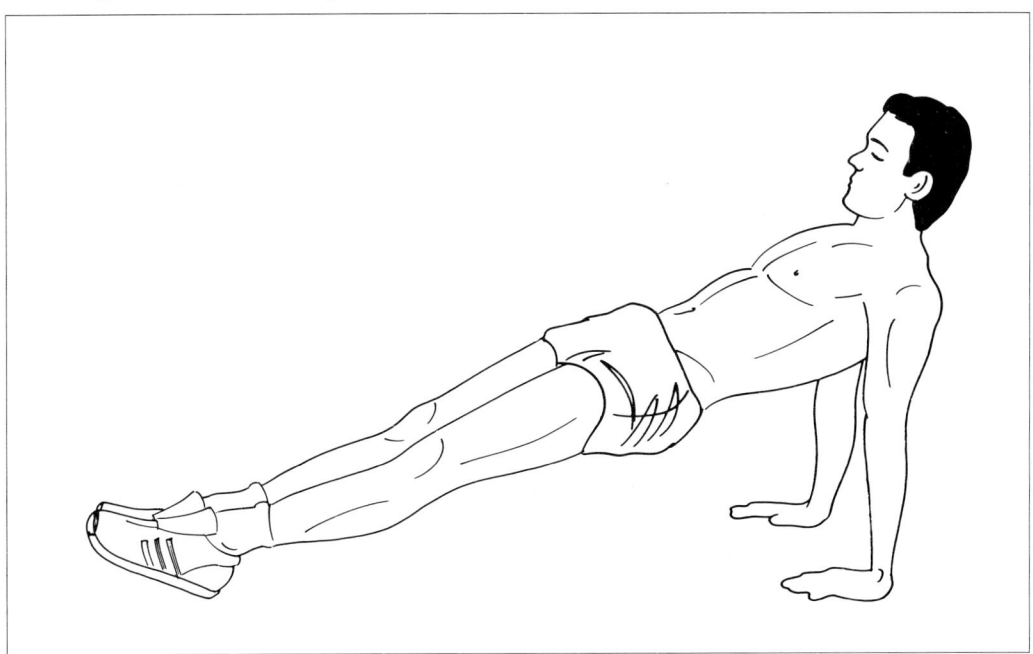

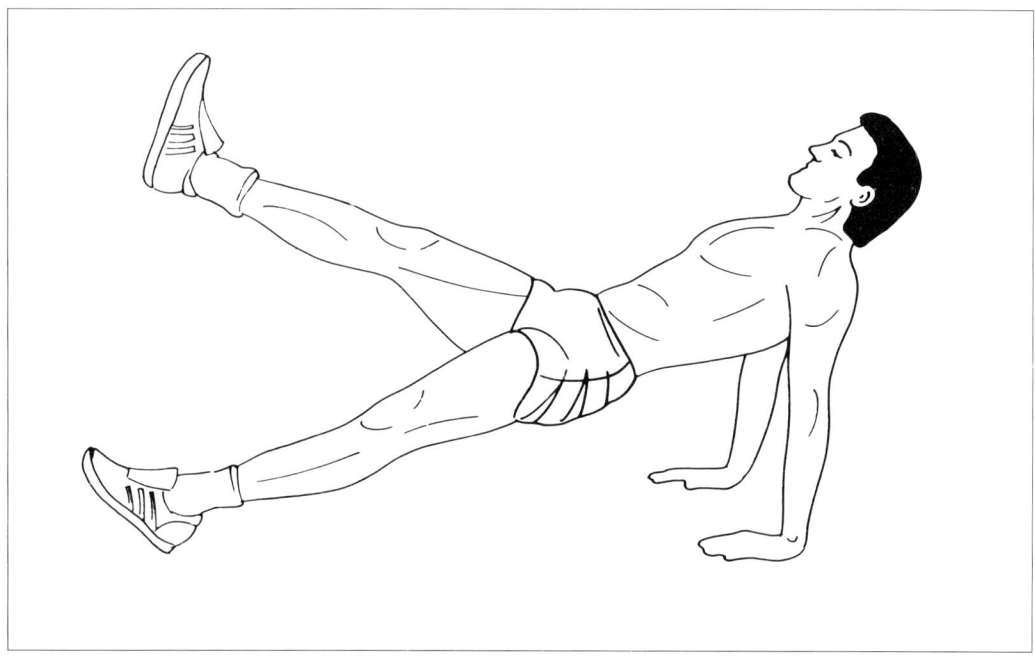

RP 3.1.1 „Liegestütz rücklings"

Ausführung: Siehe RP 3.1; bei ausreichender Kraft ein Bein vom Boden lösen, ohne daß eine Beckenseite abkippt. Endstellung 5 – 10 Sekunden beibehalten.

RP 4 Dehnung der Oberschenkelrückseite

Ausführung: Ein Bein auflegen und zunächst die Hüfte nach vorne drehen. Oberkörper auf das aufgelegte Bein absenken; Endstellung 10 – 30 Sekunden beibehalten.

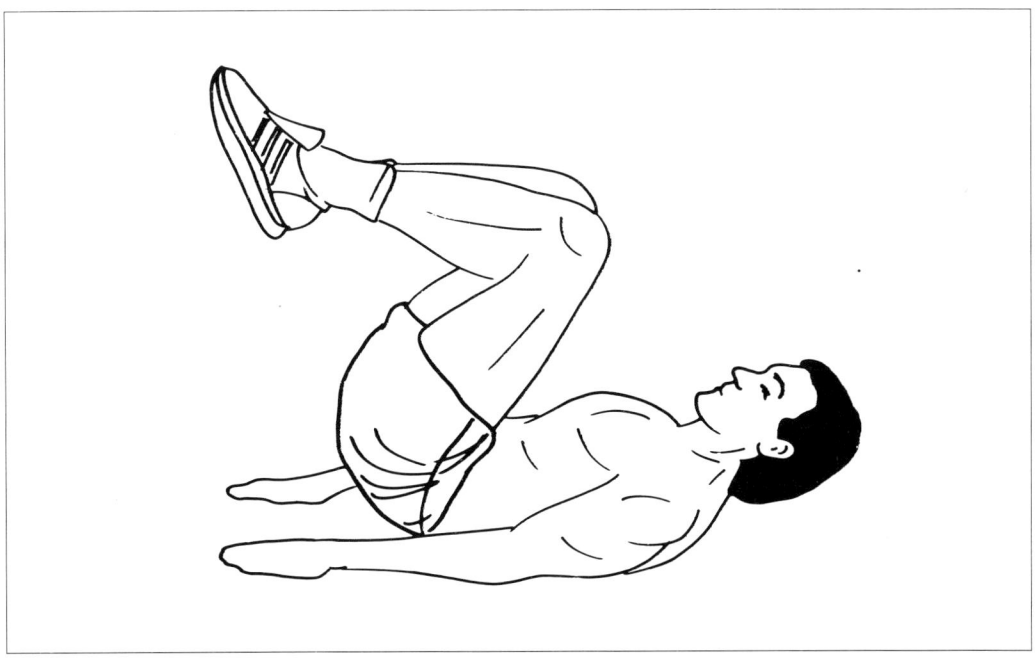

RP 5 Kräftigung der Bauchmuskulatur:

RP 5.1 „Leg raise" (Beine stark angehockt): 10 – 30 Wiederholungen

Ausführung: Durch Anspannen der Bauchmuskulatur das Becken vom Boden lösen und die Unterschenkel zur Decke bewegen.

RP 5.1.1 „Leg raise" (Beine weniger stark angehockt): 10 – 30 Wiederholungen

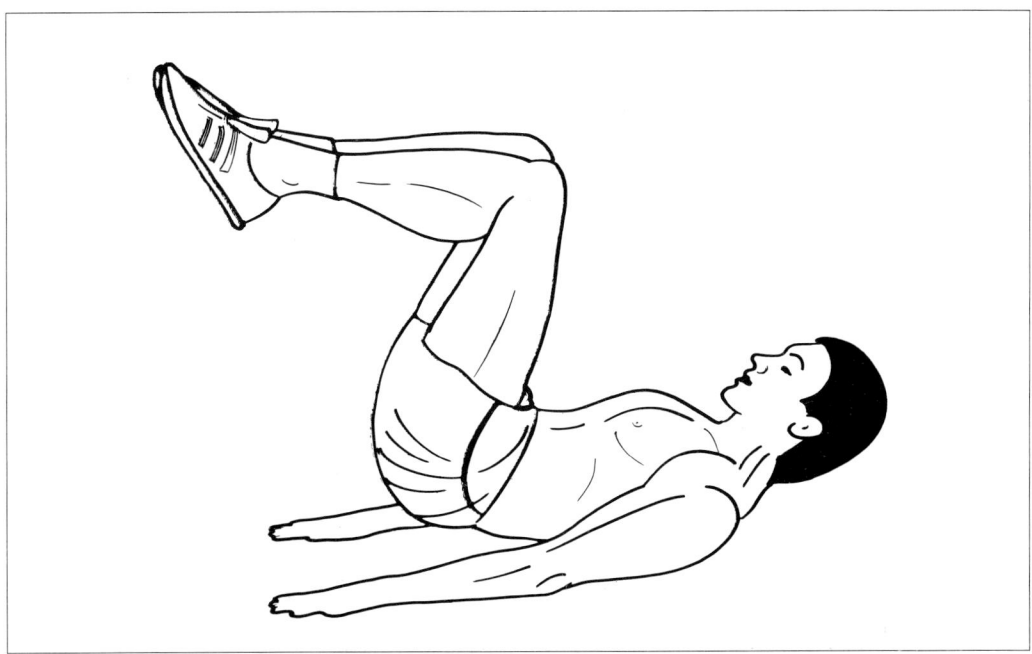

RP 5.1.2 „Leg raise" (Beine leicht angehockt): 10 – 30 Wiederholungen

RP 6 Dehnung der Rückenstrecker:

Ausführung: Beine anhocken und die Unterschenkel umfassen. Kopf und Schultern möglichst weit zu den Oberschenkeln ziehen; Endstellung 10 – 30 Sekunden beibehalten.

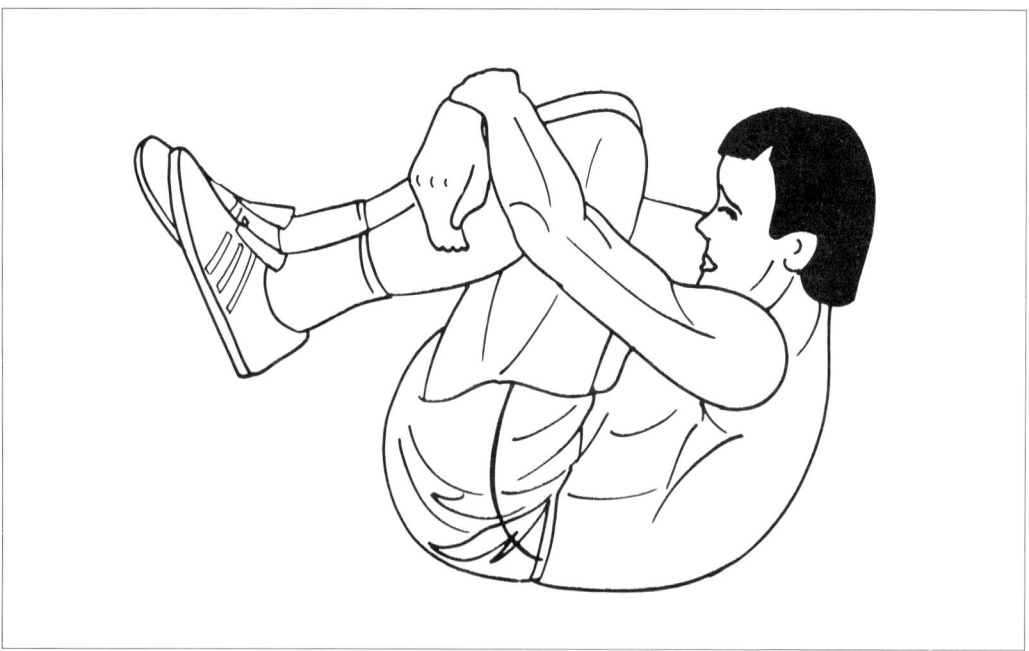

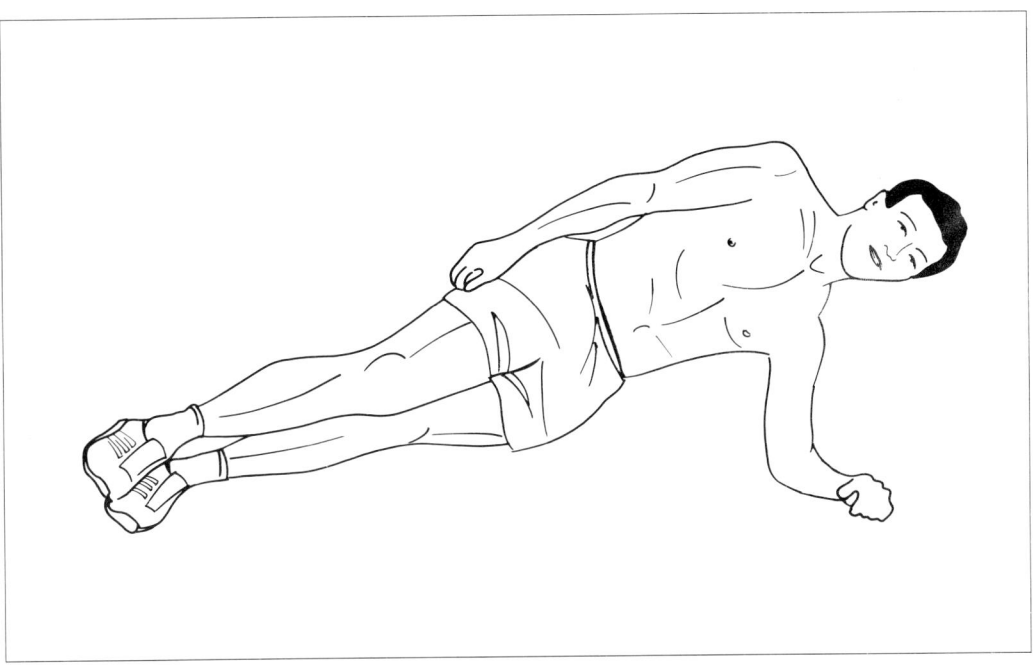

RP 7 Beckenstabilisation:

RP 7.1 „Seitstütz" (auf dem Unterarm)

Ausführung: Beine, Becken und Rumpf auf die Körperlängsachse ausrichten; Endstellung 5 – 10 Sekunden beibehalten.

RP 7.1.1 „Seitstütz" (auf dem Unterarm)

Ausführung: Siehe 7.1; bei ausreichender Kraft das obenliegende Bein anheben, ohne das Becken absinken zu lassen; Endstellung 5 – 10 Sekunden beibehalten.

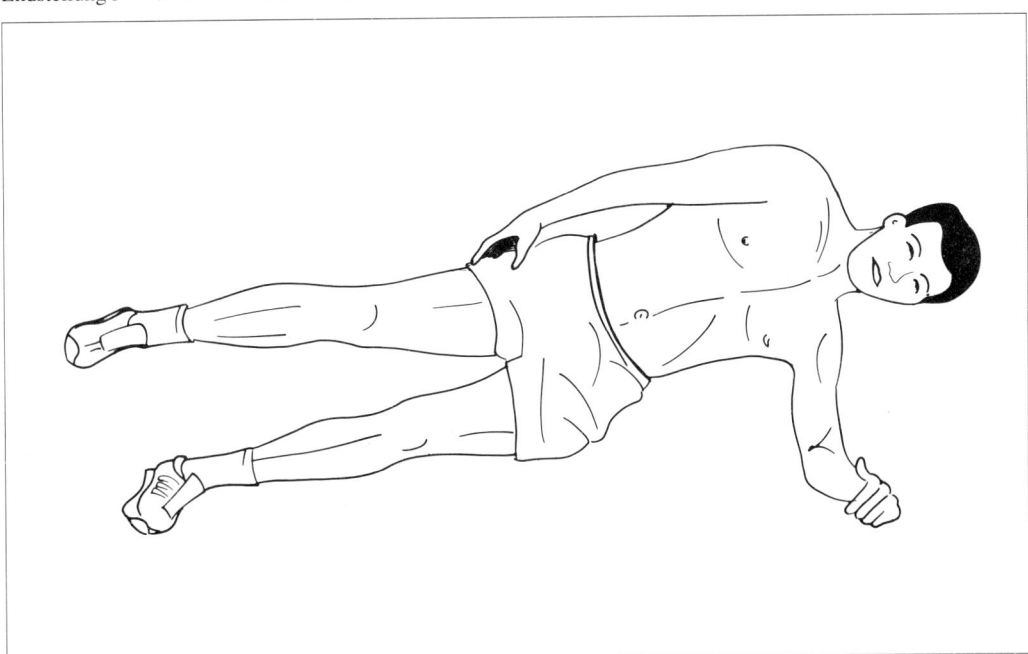

RP 7.2 „Seitstütz"

RP 8 Kräftigung der Gesäßmuskulatur:

RP 8.1 „Schulterstütz" (Arme in der Tiefhalte)

Ausführung: Das Becken anheben, bis sich Oberschenkel, Becken und Rumpf auf einer Linie befinden; Endstellung 5 – 10 Sekunden beibehalten.

RP 8.1.1 „Schulterstütz" (Arme in der Tiefhalte)

Ausführung: Siehe RP 8.1; bei ausreichender Kraft ein Bein nach vorne strecken, ohne das Becken absinken zu lassen; Endstellung 5 – 10 Sekunden beibehalten.

RP 8.1.2 „Schulterstütz"

Ausführung: Ein Bein anhocken und zum Oberkörper ziehen; Becken anheben, bis Oberschenkel, Becken und Rumpf eine Linie bilden; Endstellung 5 – 10 Sekunden beibehalten.

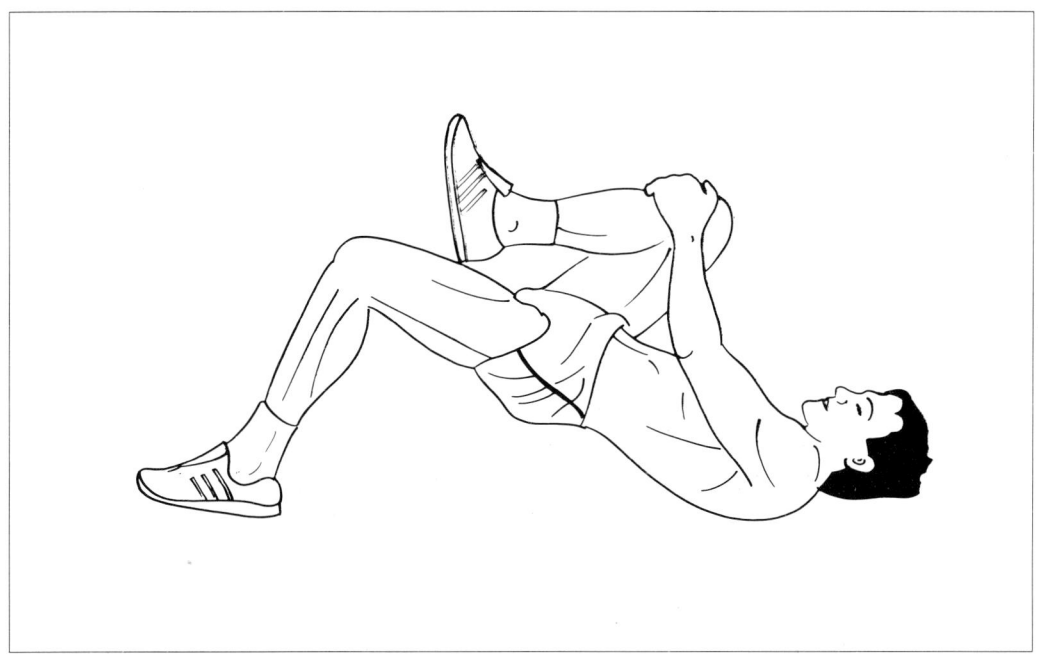

Übungssammlung: Schulterprogramm (SP)

Zielstellung: Das Erreichen einer funktionellen Schulter-haltung durch Dehnung der Brustmuskulatur und Kräfti-gung des Schultergürtels.

Hinweis: Wenn Übungen mit unterschiedlichem Schwie-rigkeitsgrad vorgestellt werden, sollte zunächst mit der leichtesten Ausführung begonnen werden. Erst wenn sie korrekt erfolgt, zur nächst schwierigeren Ausführung übergehen.

Bei den Dehnübungen kann die Entspannung durch tie-fes, betontes Ausatmen unterstützt werden.

SP 1 Becken- und Schulterstabilisation:

SP 1.1 „Schulterstütz" (Arme in Hochhalte)

Ausführung: Becken anheben, bis Oberschenkel, Becken und Rumpf eine Linie bilden; Ellenbogen kräftig gegen den Boden drücken; Endstellung 5 – 10 Sekunden beibe-halten.

SP 1.2 „Liegestütz rücklings" (Stütz auf den Unterarmen):

Ausführung: Becken anheben, bis sich Beine, Becken und Rumpf auf einer Linie befinden; ein Bein vom Boden lösen, ohne das Becken absinken zu lassen; Endstellung 5 – 10 Sekunden beibehalten.

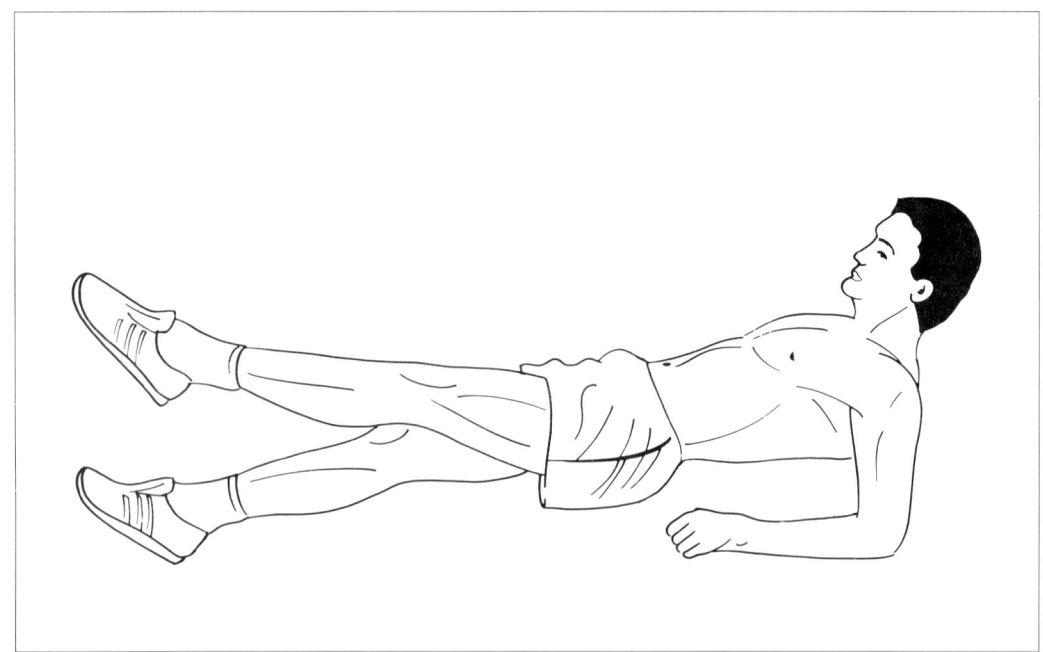

SP 1.3 „Bank" (Stütz auf den Unterarmen):

Ausführung: Siehe SP 1.2.

SP 1.4 „Liegestütz" (Stütz auf den Unterarmen):

Ausführung: Beine, Becken und Rumpf auf die Körperlängsachse ausrichten; Endstellung 5 – 10 Sekunden beibehalten.

Wichtig: Die Lendenwirbelsäule darf nicht absinken, und die Schulterblätter müssen am Rumpf anliegen!

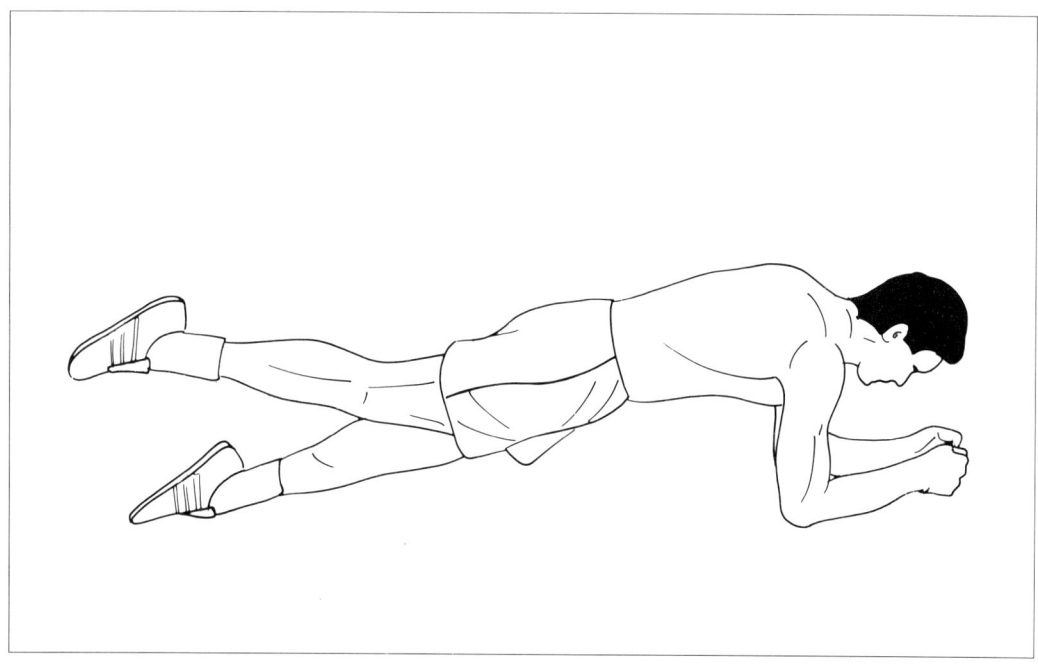

SP 1.4.1 „Liegestütz" (Stütz auf den Unterarmen):

Ausführung: Siehe SP 1.4; bei ausreichender Kraft kann ein Bein vom Boden gelöst werden, ohne das Becken absinken zu lassen; Endstellung 5 – 10 Sekunden beibehalten.

SP 1.4.2 „Liegestütz"

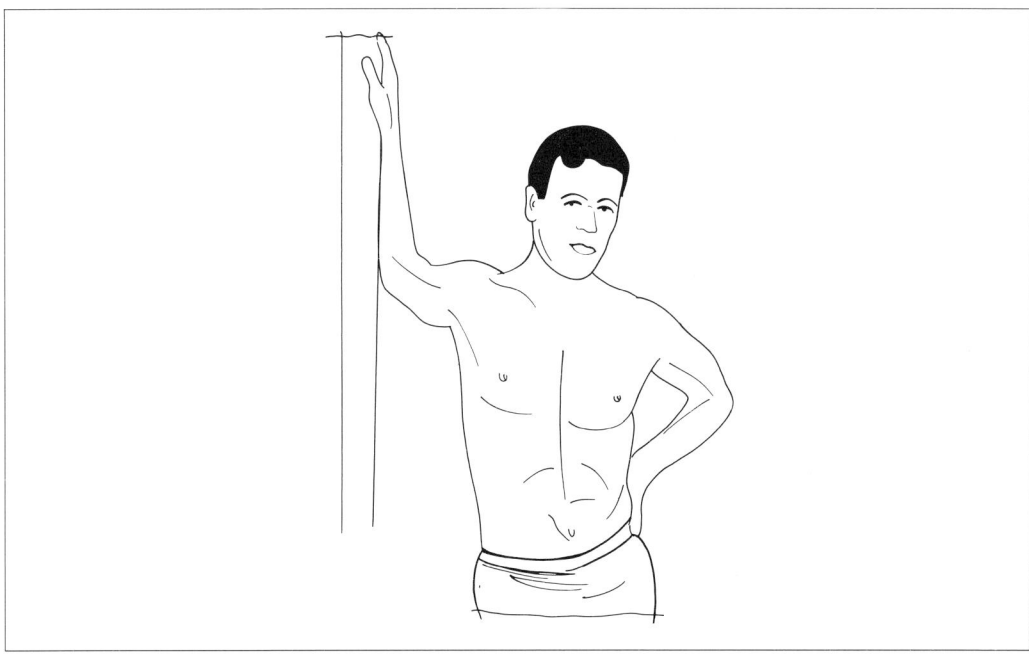

SP 2.1

SP 2 Dehnung der Brustmuskulatur:

Ausführung: Die gezeigten Endstellungen 10 – 30 Sekunden beibehalten; Becken und Rumpf in einer aufrechten Position halten.

SP 2.2

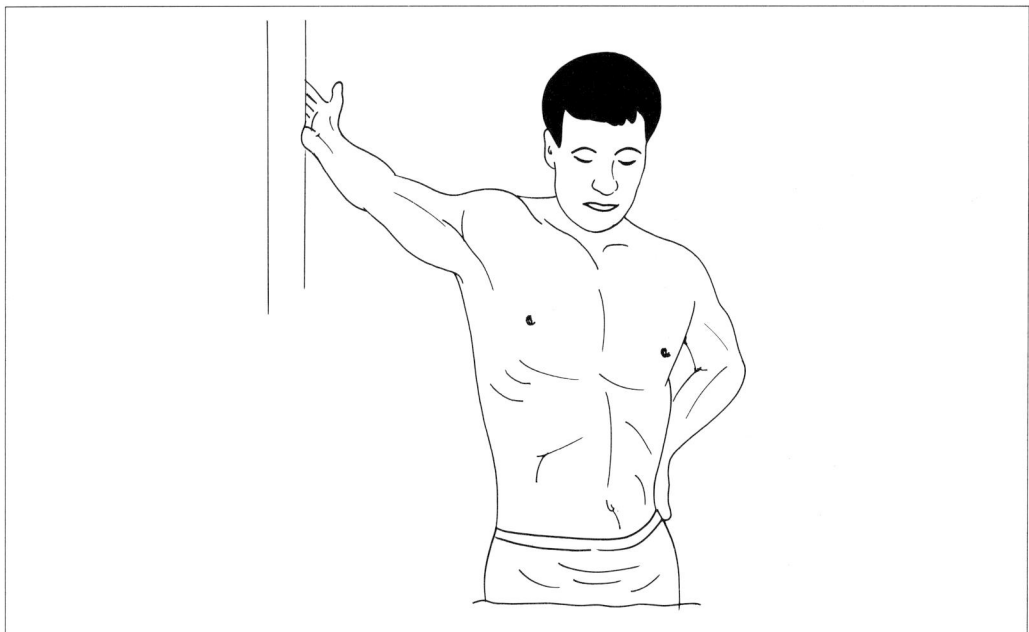

SP 2.3

Dehnung der Brustmuskulatur:

Ausführung: Siehe SP 2.1 und 2.2

SP 2.4

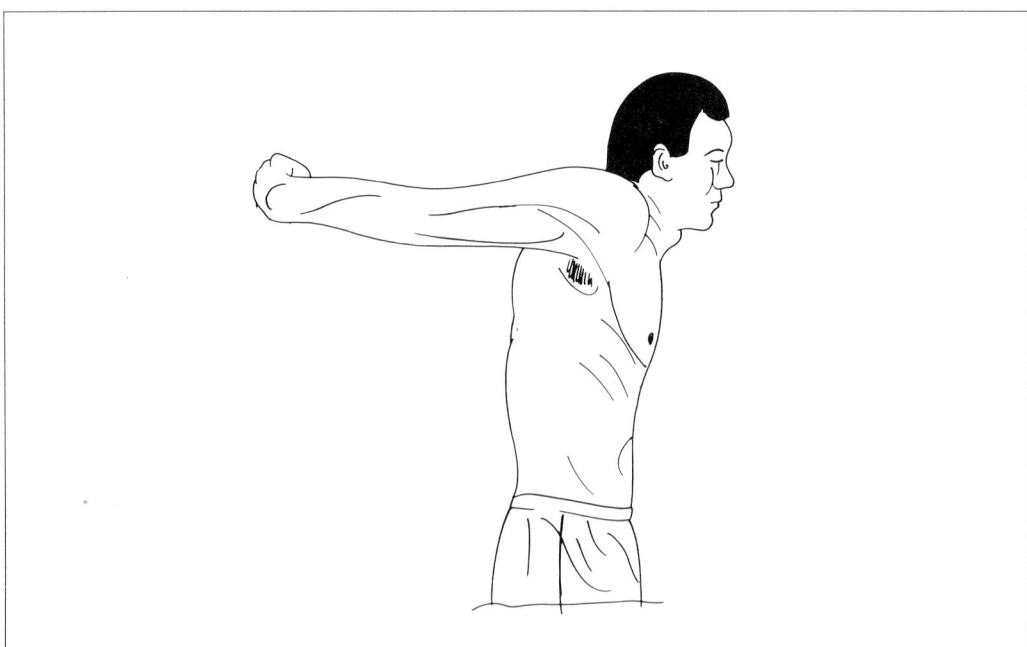

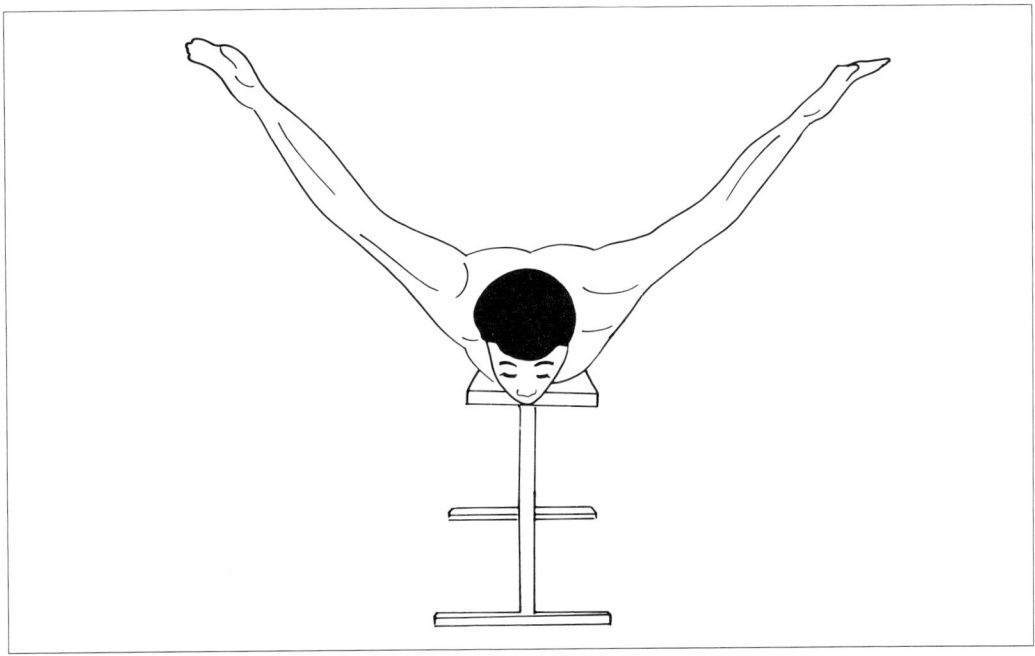

SP 3 Aktiv-gehaltene Dehnung der Brustmuskulatur bei gleichzeitiger Kräftigung der Schulterblattmuskulatur:

SP 3.1 „Rückführung der gestreckten Arme aus der Seitenhalte"

Ausführung: Die Arme in der Frontalebene durch Anspannen der Schulterblattmuskulatur möglichst weit anheben; Endstellung 10 – 15 Sekunden beibehalten.

SP 3.2 „Rückführung der gebeugten Arme aus der Nackenhalte" (Ausgangsstellung)

Ausführung: Siehe SP 3.1.

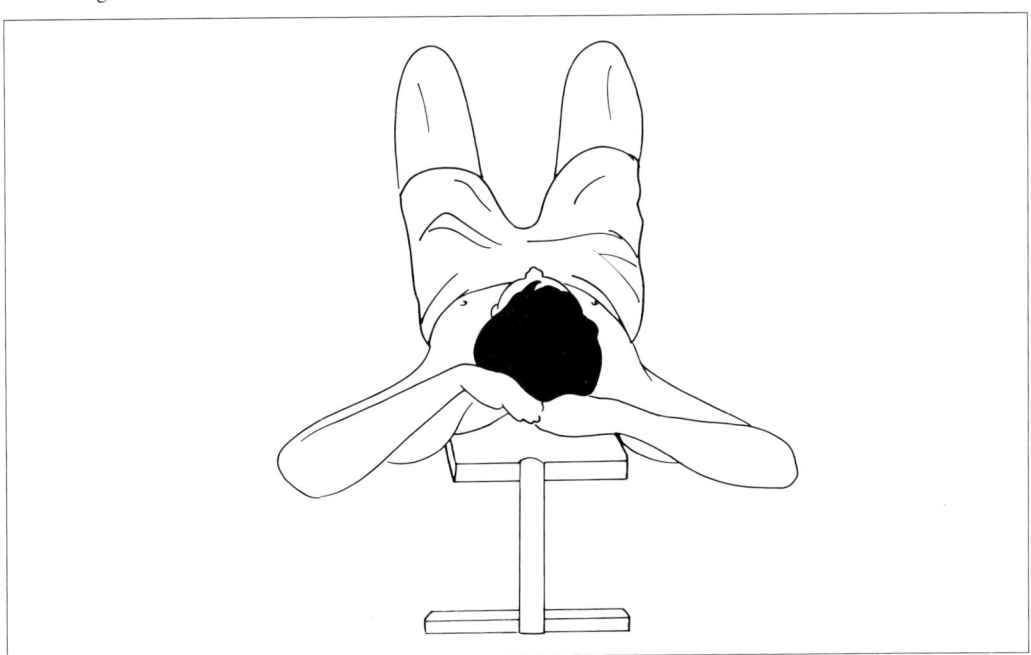

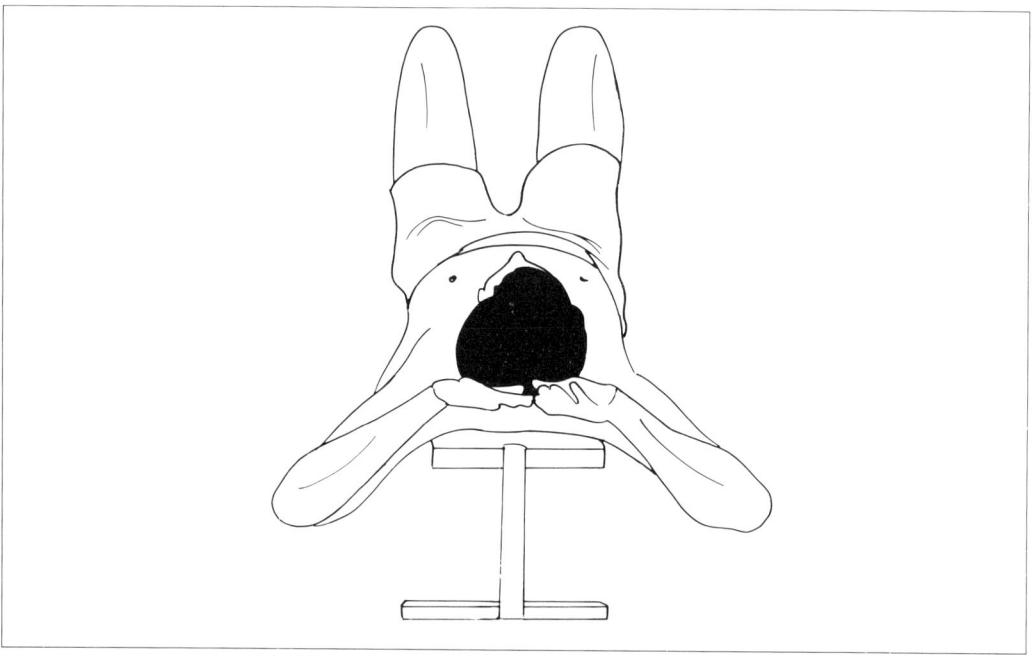

SP 3.2 „Rückführung der gebeugten Arme aus der Nackenhalte" (Endstellung)

SP 3.3 „Streckung der Arme aus der Nackenhalte in die Hochhalte" (Endstellung)

Ausführung: Ausgangsstellung siehe SP 3.2; Arme in Hochhalte strecken, ohne eine Hohlkreuzhaltung einzunehmen.

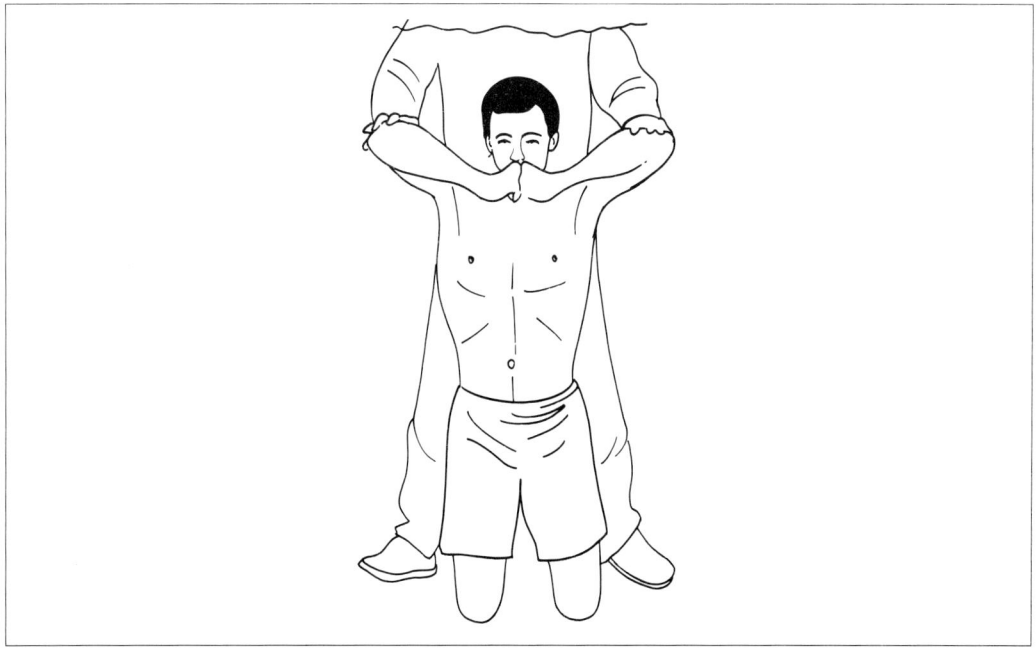

SP 4 Kräftigung des Deltamuskels: Bewegungen mindestens dreimal wiederholen.

SP 4.1 „Seitheben" gegen den Widerstand eines Partners (Kräftigung des seitlichen Anteils des Deltamuskels).

SP 4.2 „Frontheben" gegen den Widerstand eines Partners (Kräftigung des vorderen Anteils des Deltamuskels).

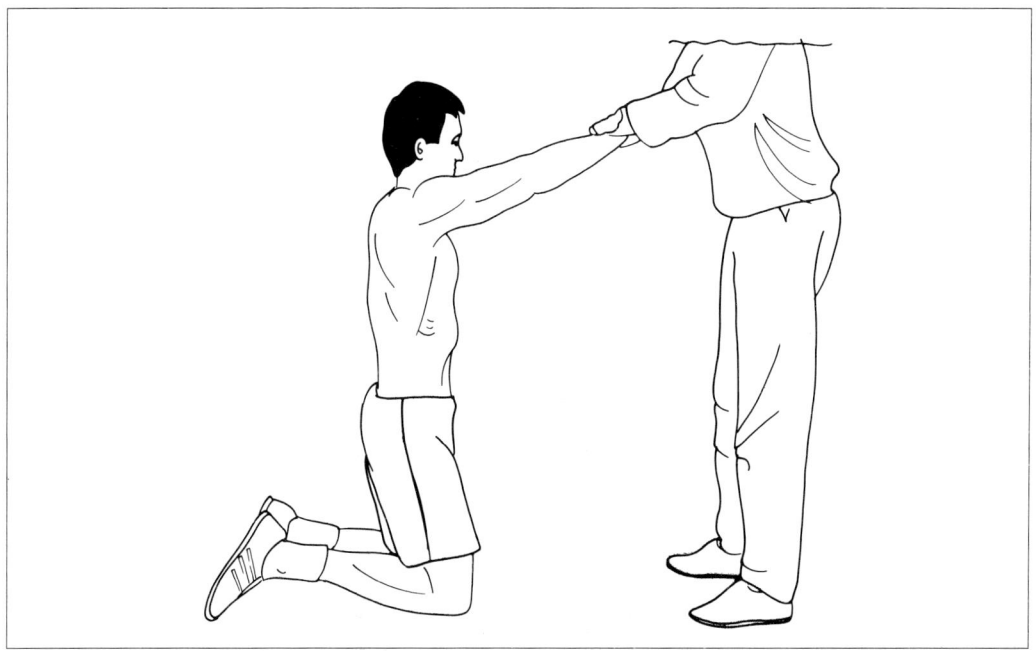

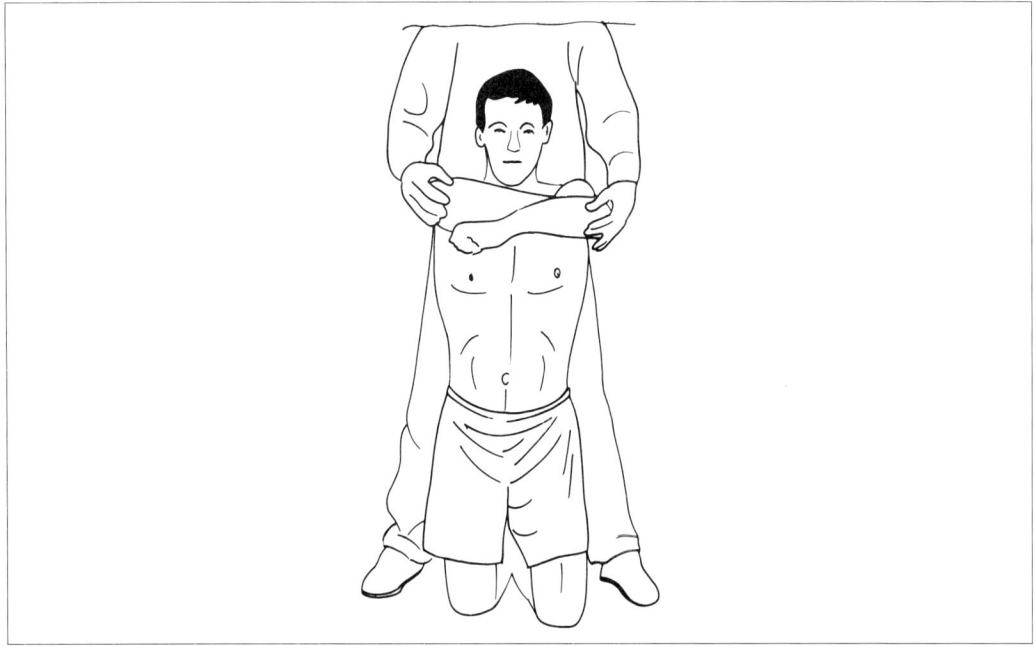

SP 4.3 „Rückführen" gegen den Widerstand eines Partners (Kräftigung des hinteren Anteils des Deltamuskels, Ausgangsstellung)

SP 4.3 „Rückführen" gegen den Widerstand eines Partners (Kräftigung des hinteren Anteils des Deltamuskels, Endstellung)

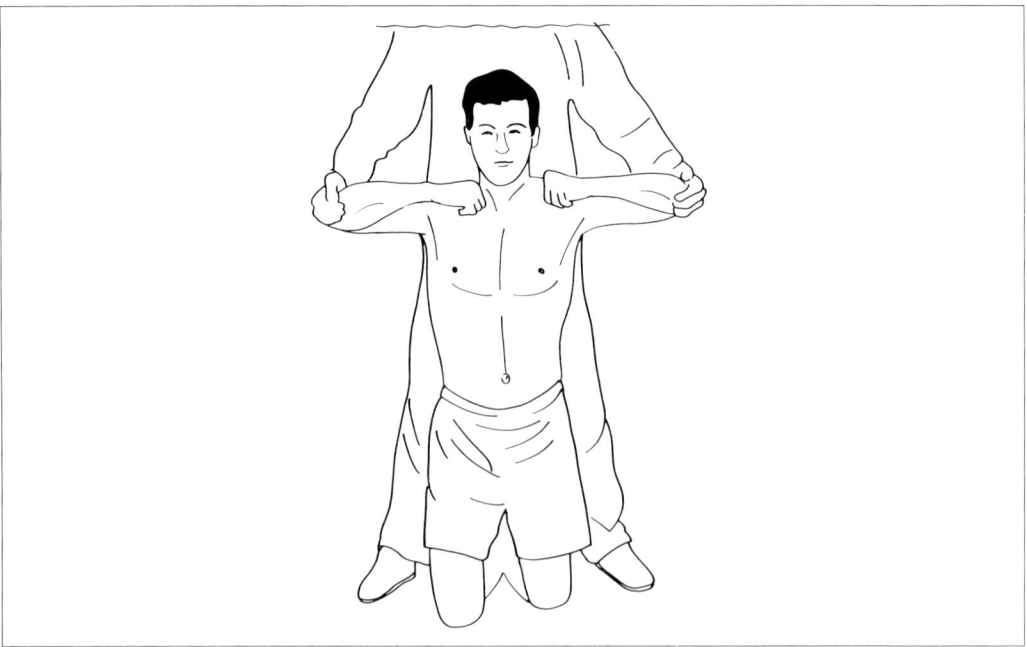

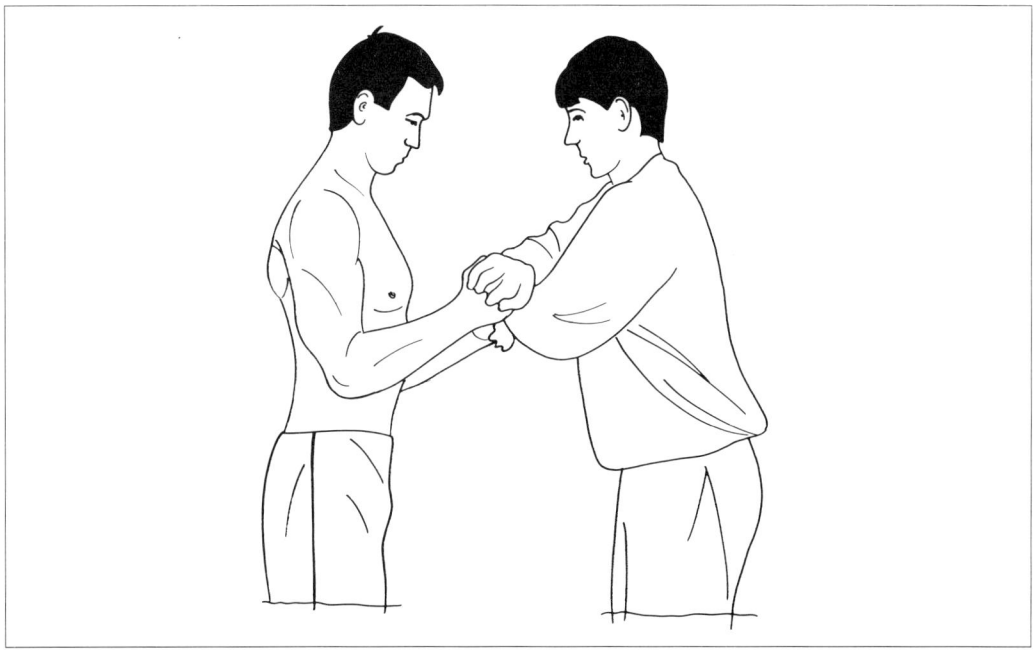

SP 5.1 „Außenrotation" gegen den Widerstand eines Partners (Ausgangsstellung)

SP 5.1 „Außenrotation" gegen den Widerstand eines Partners (Endstellung)

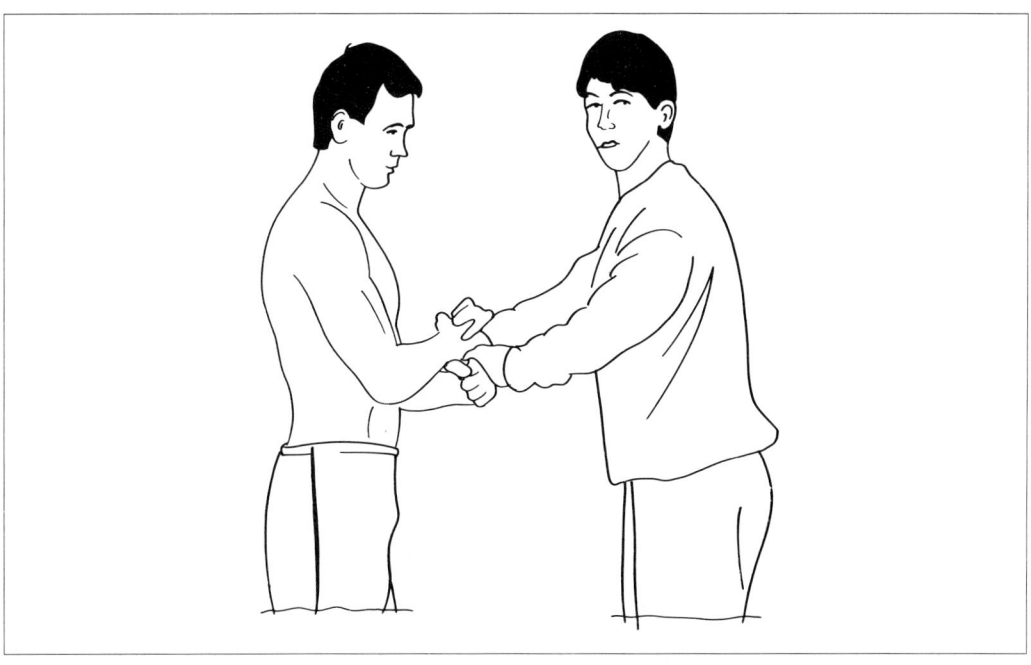

5.3 Bewegungsspezifische Kräftigung: Krafttraining im Wasser

Im Gegensatz zu zyklischen Landsportarten gibt es im Schwimmen keinen festen Stütz. Aus diesem Grunde löst der Schwimmer mit seinen Antriebsbewegungen eigentlich zwei Aufgaben: Er erzeugt (1) als Reaktion auf seine Seit- und Diagonalbewegungen einen „Stütz" im Wasser, über den er (2) zeitgleich seinen Körper zieht bzw. schiebt (vgl. Kapitel 3).

Bis heute vermag kein Gerät an Land die schwimmspezifische Situation zu simulieren. Da die optimale intermuskuläre Koordination immer an den spezifischen Bewegungsablauf gebunden ist und sich nicht von einem Bewegungsablauf auf den anderen übertragen läßt, muß das schwimmspezifische intermuskuläre Koordinationstraining im Wasser durchgeführt werden.

Für diesen Zweck stehen folgende **Trainingsgeräte** zur Verfügung:
– Paddles;
– Flossen;
– Widerstandshosen („Drag-Suit");
– Gummiseile („Aqua-Gym")
– externe Gewichte („Power-Rack")

Zweck ihres Einsatzes ist die Widerstanderhöhung während der Durchführung der kompletten Schwimmbewegung oder deren Teile. Der Schwimmer wird bei gleichem Bewegungsmuster zu einer erhöhten Leistungsabgabe gezwungen.

Der Einsatz von Paddles und Flossen vergrößert künstlich die Antriebsflächen der Hände bzw. Füße. So muß die bewegungsverursachende Muskulatur gegen höhere Widerstände kontrahieren. Die Verwendung von Widerstandshosen, Gummiseilen und externen Gewichten bewirkt eine Erhöhung des Gesamtwiderstandes, den der Schwimmer überwinden muß. Hierzu muß der Antrieb erhöht werden, es müssen also die in Kapitel 3 genannten Faktoren Anströmwinkel, Raumbahn und Bewegungsgeschwindigkeit der Antriebsflächen auf der Raumbahn optimiert werden.

WAIZECHOVSKIJ et al. (1983) verglichen die Auswirkungen des Einsatzes von Paddles mit den Auswirkungen des Einsatzes vom Gummiseilen als zusätzlichem Widerstand. Sie kamen zu dem Ergebnis, daß die **Verwendung von Paddles** zur Verringerung der Seit- und Diagonalbewegungen führt, während die **Verwendung eines Gummiseils** deren Zunahme bewirkt. Das ist so zu erklären, daß aufgrund der künstlichen Vergrößerung der Handantriebsfläche, der Schwimmer verstärkt den unmittelbaren Widerstand nutzen kann. Man darf den Autoren deshalb zustimmen, daß bei Verwendung von Gummiseilen die Bewegungsstruktur dem wettkampfmäßigen Bewegungsablauf näher kommt als bei der Verwendung von Paddles. Ähnliches dürfte für die Anwendung von Flossen bzw. für die Verwendung von Widerstandshosen und externen Gewichten zur künstlichen Widerstandserhöhung der Fall sein.

Dennoch macht der Einsatz von Paddles bzw. Flossen Sinn, um zusätzliche Trainingsreize auf die beteiligte Muskulatur auszuüben. Das sollte jedoch in Serien von kurzen Teilstrecken bis zu max. 50 m unter korrekter Bewegungstechnik geschehen. Mit Hilfe von Paddles kann der Schwimmer auch durch „weniger korrekte" Bewegungen Antrieb erzeugen: er reduziert die anstrengenden Einwärts-Aufwärts-Anteile und empfindet deshalb das Paddles-Schwimmen als weniger anstrengend. Dies erklärt die Beliebtheit des Armzugschwimmens mit Paddles und Pull-buoys.

Zusammenfassend läßt sich festgehalten, daß zur Verbesserung der schwimmspezifischen intermuskulären Koordination v.a. Geräte eingesetzt werden sollten, die den **Gesamtwiderstand erhöhen, ohne die Bewegungsstruktur zu verändern.** Hierzu empfielt sich die Anwendung von Widerstandshosen, Gummiseilen und externen Gewichten. Beim Einsatz dieser Trainingsgeräte ist zu beachten, daß eine optimale Trainingswirkung nur dann zu erzielen ist, wenn die Technik korrekt ausgeführt wird. Das Training ist dann abzubrechen, wenn beobachtbare Technikmängel infolge von Ermüdung auftreten. Die Teilstrecken können in Abhängigkeit von den verwendeten Gerät bis zu 25 m lang sein. Drag-suits können auch über längere Strecken getragen werden.

Ist das Trainingsziel aber die Verbesserung der intermuskulären Koordination, so sollten auch hier die Teilstrecken nicht länger als 50 m sein. Grundsätzlich ist die Seriengestaltung vergleichbar mit der des Schnelligkeitstrainings. Schnelligkeitstraining und Training zur Verbesserung der intermuskulären Koordination nehmen ihren Platz immer am Anfang einer Trainingseinheit ein, unmittelbar nach dem Einschwimmen, um zu gewährleisten, daß die Schwimmer ermüdungsfrei und konzentrationsfähig sind.

Sollten darüberhinaus die Bedingungen zusätzlich erschwert werden, können die o.a. Trainingsformen zeitweise nach einer Vorermüdung (z.B. nach den Hauptserien der Trainingseinheit) durchgeführt werden, was sich speziell für Mittel- und Langstreckler anbietet. Sie sollten dann über eine vorgegebene Zeit auf der Stelle schwimmen und dabei dem Zug eines Gummiseils oder Gewichts entgegenwirken. Diese Trainingsform ist vergleichbar mit dem Schwimmen in einem Strömungskanal.

5.4 Kraftausdauertraining

In Kapitel 1 wurde darauf hingewiesen, daß jede zyklische Bewegungsfolge über eine gegebene Streckenlänge nach der Zeitdauer, nach den je Zyklus entwickelten Kraftbeträgen oder Impulsen und nach dem beanspruchten Energiebereitstellungssystem eingeteilt werden kann. Der Begriff der Kraftausdauer wird deshalb für jene Belastungen verwendet, bei denen relativ hohe Kraftbeträge über relativ lange Zeiträume erzeugt werden müssen. SCHMIDTBLEICHER (1989, 13) definiert deshalb Kraftausdauer als Fähigkeit des neuromuskulären Systems, eine möglichst große Impulssumme in einem definierten Zeitraum gegen höhere Lasten zu produzieren und dabei die Abschwächung der produzierten Impulse möglichst gering zu halten. Für das Kraftausdauertraining wurde hieraus abgeleitet, daß zur Ansteuerung dieses Trainingsziels, Sätze mit 20 und mehr Wiederholungen in mittleren bis geringen Intensitäten durchgeführt werden müßten.

In den vorhergehenden Kapiteln wurde jedoch deutlich, daß Funktionsverbesserung im Fähigkeitsbereich Kraft entweder **muskelspezifisch durch die Vergrößerung des Querschnitts der Muskelfasern** oder **bewegungsspezifisch durch verbessertes neuro-muskuläres Zusammenspiel** zustandekommen. Für das Schwimmen hätte das zunächst die Folge, daß der Impuls pro Schwimmzyklus größer würde. Um zu gewährleisten, daß die Abschwächung der erzeugten Impulse über die Schwimmstrecken minimiert wird, müssen v.a. die streckenspezifischen Energiebereitstellungsmechanismen trainiert werden. Da auch ihre Anpas-

sungen (Zunahme der glykolytischen Aktivität, Zunahme des Myoglobingehalts, Zunahme der Mitochondrienmasse etc.) streckenspezifisch und spezifisch in Bezug auf die eingesetzten motorischen Einheiten ist, lassen sich diese Mechanismen am besten durch die sog. Wettkampfsimulation trainieren, z.B. durch die „unterbrochenen Wettkampfstrecken". Die in 5.2 aufgeführte Trainingsform des Schwimmens auf der Stelle gegen das Gummiseil oder ein Gewicht eignet sich ebenfalls für diesen Zweck.

Ein Kraftausdauertraining an Land, z.B. an Schwimmbänken, Rollbänken, Zugseilen ist nur dann sinnvoll, wenn aus besonderen Gründen der Verletzung oder zu geringer Verfügbarkeit des Bades ein Wassertraining nicht durchgeführt werden kann.

Im Rahmen eines solchen Trainings ist die Bewegungsausführung möglichst genau an die schwimmart- und streckenspezifischen Anforderungen anzunähern. Die Schwimmer müssen die Übungen in einem der Schwimmfrequenz entsprechenden Bewegungstempo ausführen. Frequenz und Bewegungsausführung werden kontrolliert. Besonders auf das Hochstellen der Ellenbogen bei Zugbeginn und auf das Betonen des Abdrucks am Zugende ist streng zu achten.

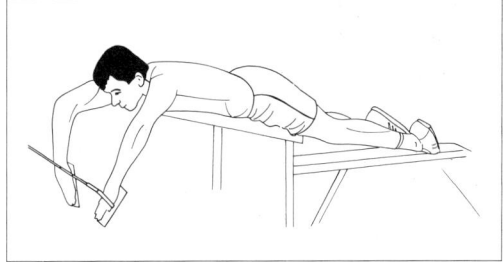

Für Brustschwimmer sind die o.g. Geräte am wenigsten geeignet. Zur Nachahmung der Brustschwimmarmbewegung sollten sog. „Brustschwimm-Trainer" verwendet werden. Die Gestaltung von Belastungsintensität, -dauer und Pausen kann derjenigen im Wasser entsprechen. Bei der Durchführung dieser Übungen mit dem Zugseil liegen die Schwimmer auf einer Bank.

Für das Kraftausdauertraining an Land trifft die gleiche Problematik zu wie für ein Training zur Verbesserung der schwimmspezifischen intermuskulären Koordination an Land: Die Bedingungen des Wassers lassen sich nicht simulieren.

6. Die Steuerung des Trainings

Ziel aller Trainingsmaßnahmen ist das Heranführen eines Sportlers an seine persönlich erreichbare Bestleistung als langfristiges Trainingsziel bzw. die Optimierung seiner Leistung zum Saisonhöhepunkt (z.B. eine Meisterschaft). Eine sportliche Leistung kommt durch das Zusammenwirken vieler sog. leistungsrelevanter Faktoren zustande. Dazu zählen Fähigkeitsmerkmale wie Ausdauer-, Kraft- und Beweglichkeitsmerkmale, aber auch psychische Faktoren wie Motivation, mentale Stärke. Hinzu kommen Faktoren, die dem sozialen Umfeld wie Schule, Elternhaus zuzuordnen sind. Aus diesem Grund wird ein Training umso erfolgreicher, je mehr dieser Faktoren es in ihrem Zusammenwirken berücksichtigt. Das macht die anspruchsvolle Hauptaufgabe des Trainers aus.

Im Kapitel 2 wurde ausgehend vom Begriff „Funktionalität", eine Sichtweise von „Training als System" vorgestellt und anhand der Zusammenhänge der Fähigkeitsbereiche Kraft und Beweglichkeit erläutert. Unter diesem Leitgedanken werden nachfolgend Grundsätze dargestellt, die eine zielorientierte und wirkungsvolle Gestaltung des Kraft- und Beweglichkeitstrainings ermöglichen. Dabei werden die anderen Trainingsinhalte mit berücksichtigt, da im Schwimmtraining die Planungseinheiten immer mehrere Trainingsziele ansteuern, z.B. Verbesserung der aeroben, der anaerob-laktaziden Ausdauer, der Beweglichkeit und der Technik. Es ist notwendig, die Gesamtwirkung all dieser Trainingsreize, als **kumulativen Trainingseffekt** im Auge zu behalten.

Planungseinheiten sind definierte Zeitabschnitte innerhalb der sportlichen Karriere eines Sportlers, deren Dauer und Zielstellungen festgeschrieben werden. Die größte Planungseinheit ist der Mehrjahres- oder Rahmentrainingsplan (vgl. u.a. WILKE/MADSEN 1988, 226-251; SCHRAMM 1987, 312-317). Im **Rahmentrainingsplan** sind v.a. für das Kinder- und Jugendtraining die Lern- und Trainingsziele festgehalten. Die Methodik orientiert sich in den einzelnen Trainingsabschnitten an den altersspezifischen Besonderheiten sowie an den Anforderungen der Sportart. Die Trainingsabschnitte mit ihren unterschiedlichen Schwerpunkten sind die Grundlage für die inhaltliche Gestaltung der **Jahrestrainingspläne,** die ihrerseits vom Wettkampfkalender bestimmt werden. Im Hochlei

stungstraining erfolgt die Planung im Rhythmus der internationalen Großereignisse.

Den Zeitraum zwischen zwei Hauptwettkämpfen bezeichnet man als Makrozyklus. Ein **Makrozyklus** besteht aus einer Vorbereitungs-, einer Wettkampf- und einer Übergangsperiode. Die nächstkleinere Planungseinheit bildet der **Mesozyklus,** der eine Trainingsperiode, also z.B. eine Vorbereitungsperiode, umfaßt. Diese Vorbereitungsperiode untergliedert sich wiederum in **Trainingsetappen,** die durch unterschiedliche Schwerpunktsetzungen im Training geprägt sind.

Die Zielstellung der Trainingsetappe ist die Basis für die Gestaltung der **Mikrozyklen,** die i.d.R. eine Trainingswoche umfassen. Sie geben die Ziele für die einzelnen **Trainingseinheiten** vor. In Abhängigkeit von ihrer Zielstellung lassen sich Basis- und Stoßmikrozyklen von Kontrollmikrozyklen unterscheiden. In den Basis- und Stoßmikrozyklen wird das durch die übergeordneten Planungseinheiten vorgegebene Training realisiert, wobei Stoßmikrozyklen eine intensivere Einwirkung, z.B. durch ein Trainingslager, beinhalten. Die Kontrollmikrozyklen haben das Ziel durch entsprechende Kontrollmaßnahmen, Tests, Standardserien etc. den augenblicklichen Trainigszustand zu erfassen (vgl. u.a. MATWEJEW 1981, 209-219).

Ein Training ist dann wirkungsvoll gestaltet, wenn das Niveau des schwimmart- und streckenspezifischen kumulativen Trainingseffekts - also die sportlichen Form - beim Eintritt in die Wettkampfperiode seine optimale Ausprägung erreicht. Dieses zu gewährleisten, ist **Aufgabe der Trainingssteuerung**. Die Trainingssteuerung umfaßt drei Bereiche:

(1) Planungsmaßnahmen: Auf der Basis der Test- und Wettkampfresultate der vorangegangenen Saison und in Richtung auf den Wettkampfkalender der nächsten Saison wird das Training in seiner Makro-, Meso- und Mikrostruktur eingeteilt. Trainingsziele, Sollumfänge und Intensitäten für den einzelnen Sportler werden vorgegeben.

(2) Kontrollmaßnahmen: Für die einzelnen Trainingsziele werden entsprechende Kontrollverfahren ausgewählt und zu bestimmten Zeitpunkten eingeplant. Das können leistungsdiagnostische Maßnahmen (z.B. biomechanische Verfahren, Laktattests etc.) sein, aber auch Trai ningstests in Form von Standardserien, die sich in der Vergangenheit bewährt haben (vgl. 6.2). Der aktuelle Trainingszustand der Sportler in den einzelnen Bereichen erfaßt, dokumentiert und mit den geplanten Trainingszielen verglichen. Die Trainingsdokumentation erfolgt in Trainingstagebücher.

(3) Lenkungsmaßnahmen: Auf der Grundlage des Vergleichs von Dokumentation mit den Planvorgaben wird das weitere Training gestaltet; der Trainingsplan gegebenenfalls korrigiert. Nur der systematische Einsatz aller Maßnahmen der Trainingssteuerung gewährleistet, daß die Sportler gut vorbereitet ihre Hauptwettkämpfe antreten.

6.1 Trainingsplanung

Der Planung innerhalb der Trainingssteuerung kommt zentrale Bedeutung zu. Sie muß immer vor dem Hintergrund der zu erwartenden Anpassungserscheinungen erfolgen (vgl. 5.1 und 5.2). Zur Erklärung der Trainingswirkung bietet sich das sog. **Superkompensationsmodell** an, das die Vorgänge allerdings stark vereinfacht darstellt (siehe Abbildung 10).
Eine Superkompensation wird dann erzielt, wenn auf den Sportler ein Trainingszeiz einwirkt, der stärker als die bisherigen Reize ist. Als

Reaktion auf diesen außergewöhnlichen Reiz sinkt infolge von Ermüdung die Leistungsfähigkeit des betroffenen Organsystems unter das Ausgangsniveau ab, um dann - quasi als vorbeugende Maßnahme - auf ein höheres Niveau anzusteigen.
Nun wirkt im Schwimmtraining nicht nur ein Reiz, sondern viele Trainingsreize unterschiedlicher Richtung wirken zeitgleich oder hintereinander auf den Sportler ein. Die Leistungssteigerung innerhalb einer Saison ist also das Ergebnis des Zusammenwirkens aller Trainingsreize und der zugehörigen Superkompensationen. Wurden die einzelnen Trainingsinhalte als Reize nicht gut ausgewählt und kombiniert, so werden keine Verbesserungen erzielt sondern eventuell sogar Rückschritte. Das bedeutet aber auch, daß der Erfolg nicht von der Anwendung einer Trainingsmethode oder eines Trainingsgerätes abhängt, sondern von der richtigen funktionellen Kombination aller leistungsrelevanten Trainingsinhalte.
Im Kapitel 3 wurden vom Antriebskonzept ausgehend die Fähigkeitsmerkmale der Beweglichkeit und der Kraft aufgeführt. Ihre Leistungsrelevanz konnte nachgewiesen werden, was bedeutet, daß entweder aufgrund logischer Begründungen oder eines empirisch-statistischen Nachweises, das betreffende Merkmal mit der

Abbildung 10: Superkompensationsmodell: Durch Einwirkung eines Belastungsreizes sinkt die Leistungsfähigkeit unter das Ausgangsniveau. Im Verlauf der Regeneration kommt es zur Superkompensation, d. h. die Leistungsfähigkei ist größer als vorher. Bei einer optimalen Folge von Belastungsreizen steigt die Leistungsfähigkeit ständig an.   (WEINECK 1983, 18)

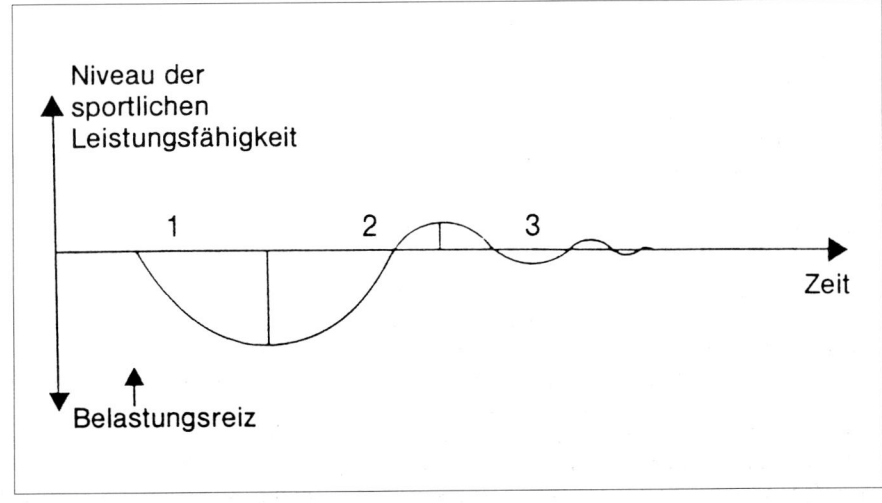

Abb. 10
Bild 1

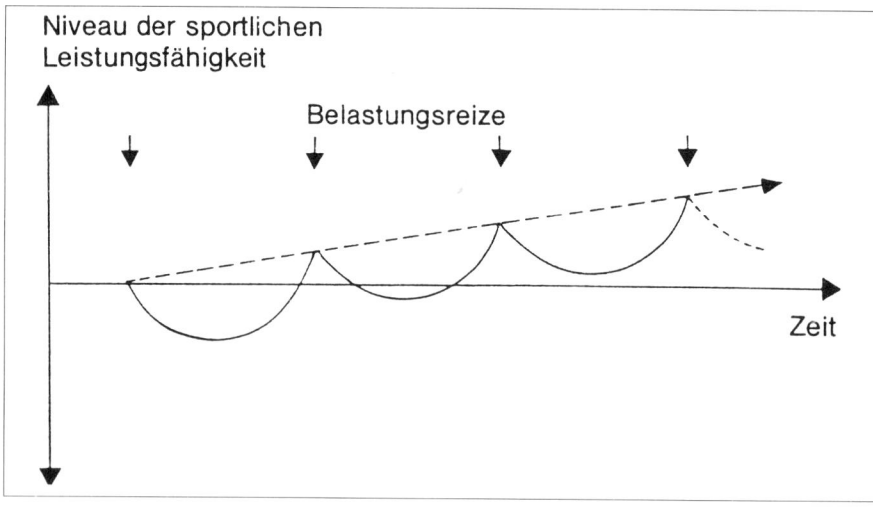

Abb. 10
Bild 2

Schwimmleistung in Zusammenhang steht. Erzielt ein Schwimmer also gute Ergebnisse in diesen Merkmalen, so wird er mit statistischer Wahrscheinlichkeit auch schnell schwimmen. Lang- und mittelfristig müssen also diese Merkmale verbessert werden. Für die mittel- und langfristige Ansteuerung von Traininsgzielen, sind zwei Begriffe von Bedeutung:
(1) die Adaptationsreserve eines Sportlers
(2) das Trainingspotential eines Trainingsmittels
Als **Adaptations- oder Anpassungreserve eines Sportler** bezeichnet man seine Fähigkeit, auf Trainingsreize weiterhin mit Anpassungserscheinungen zu reagieren. Jeder erfahrene Trainer weiß, daß die Anpassungsmöglichkeiten eines Nachwuchsathleten sehr groß sind, während sich diejenigen des Spitzenathleten zunehmend einschränken.
Als Trainingspotential einer Trainingsmethode bezeichnet man ihre zu erwartenden Trainingswirkung in der gewünschten Richtung.
Bei einem Nachwuchssportler mit hoher Adaptationsreserve können Verbesserungen mit Trainingsmethoden erzielt werden, die ein niedriges Trainingspotential aufweisen, während der Spitzenathlet nur auf sehr spezifische und intensive Reize mit Anpassungen reagiert. Würde man einen jungen Sportler zu früh intensiv und spezifisch trainieren lassen, so verlören die Trainingsmethoden ihre Wirksamkeit für dasjenige Alter, in dem sie eigentlich erst zweckmäßig sind.
Die gleiche Überlegung gilt für die Anordnung der Trainingsmethoden innerhalb einer Trai-

ningssaison. Auch hier müssen die Trainingsmethoden mit hohem Trainingspotential zum Wettkampfhöhepunkt hin zunehmen: **Prinzip des zunehmenden Trainingspotentials**.
Darüberhinaus gilt es, die unterschiedlichen Anpassungszeiträume bei der Anwendung verschiedener Methoden des Krafttrainings zu beachten (vgl. Kap. 5.). Außerdem rufen bestimmte Programme nach einem gewissen Zeitaum keine Trainingswirkungen mehr hervor und müssen deshalb verändert werden. Um die Leistung im Hinblick auf den Wettkampfhöhepunkt zu optimieren, sind in Abstimmung mit dem Wettkampfkalender die einzelnen Trainingsinhalte so zu plazieren, daß
-das Trainingspotential der angewendeten Trainingsmittel zu den Hauptwettkämpfen hin zunimmt;
-die Trainingsmethoden, welche kurze Anpassungszeiträume benötigen, am Ende der Vorbereitungsperiode eingesetzt werden;
So wird sichergestellt, daß der Verlauf der kumulativen Trainingswirkung so gestaltet wird, daß der Sportler in optimaler sportlicher Form in die Wettkampfperiode eintritt.
Die Lenkung der sportlichen Form erfolgt mittels der **Periodisierung des Trainingsjahres**. Für die zyklischen Sportarten werden z.Z. zwei Periodisierungsmodelle in Variationen angewendet. Beide gehen von dem Grundgedanken aus, daß die kumulative Trainingswirkung innerhalb des Vorbereitungszeitraumes auf einen Wettkampf einen zyklischen Charakter hat. Den

einzelnen Abschnitten dieses Zyklusses sind Trainingsperioden zugeordnet. In der Vorbereitungsperiode wird die sportlichen Form erworben. Die Wettkampfperiode stabilisiert die sportliche Form, und der Phase des zeitweiligen Verlusts der sportlichen Form entspricht die Übergangsperiode (siehe Abbildung 11). In Abhängigkeit von der Plazierung der Wettkämpfe innerhalb eines Trainingsjahres, sind eine, zwei oder drei Wettkampfperioden und damit ein-, zwei- oder dreigipflige Periodisierungen zu finden.

Abbildung 11: Schematische Darstellung des Verlaufs der sportlichen Form bei zwei Wettkampfhöhepunkten im Trainingsjahr.   (WEINECK 1983, 285)

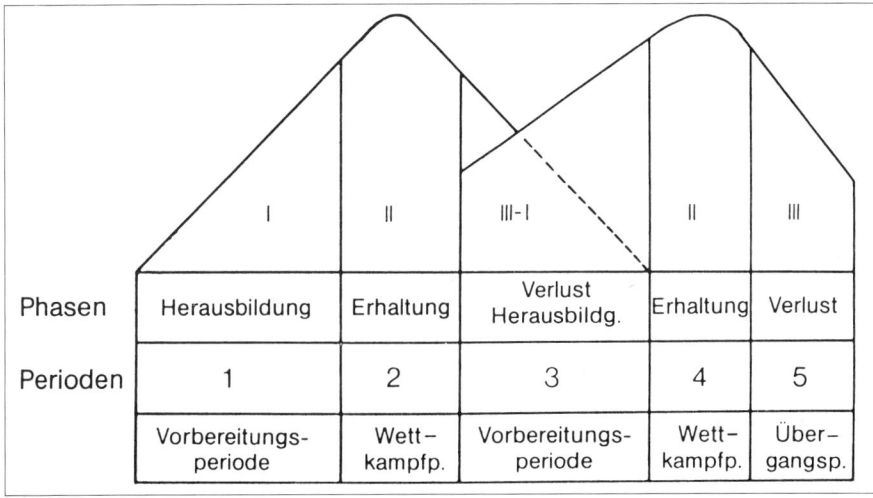

Abbildung 11

(1) Die Periodisierung nach MATWEJEW (1981): Im „klassischen" Periodisierungsmodell von MATWEJEW besteht ein Makrozyklus aus einer Vorbereitungs-, einer Wettkampf- und einer Übergangsperiode. Die Vorbereitungsperiode zerfällt in eine allgemein-vorbereitende und eine speziell-vorbereitende Etappe, in Abhängigkeit von den hauptsächlich angewendeten Trainingsmethoden. Die Anwendung allgemeiner Trainingsmethoden nimmt zum Hauptwettkampf hin ab. In Wellen nehmen nacheinander Trainingsumfang und Trainingsintensität zu. Die Ansteuerung verschiedener Trainingsziele geschieht parallel, d.h. alle Trainingsziele werden in beiden Etappen der Vorbereitungsperiode angesteuert. Variationen liegen lediglich in der Veränderung des Anteils an allgemeinen Trainingsmitteln, des Trainingsumfangs der Trainingsintensität (siehe Abb.12).

(2) Die Organisation der Belastung nach VERCHOSHANSKIJ (1988): Im Gegensatz zur parallelen Ansteuerung der Trainingsziele, sieht VERCHOSHANSKIJ eine aufeinanderfolgende Lösung der Trainingsaufgaben vor. Ausgehend von der Erkenntnis, daß bei Spitzenathleten nur noch geringe Adaptationsreserven vorliegen und somit nur noch konzentrierte und gezielte Einwirkungen zu Anpassungen führen, organisiert er die Makrozyklen in Blöcken. Innerhalb eines Blockes wird ein Trainingsziel vorrangig angesteuert. Was nicht heißt, daß z.B. nur Kraft trainiert wird, sondern Kraft lediglich das primäre Trainingsziel darstellt.
Die Reihenfolge der Blöcke richtet sich nach der Höhe des Trainingspotentials der hauptsächlich angewendeten Trainingsmethoden. Der erste Block beinhaltet eine allgemeine konditionelle Vorbereitung als Grundlage für die nachfolgen-

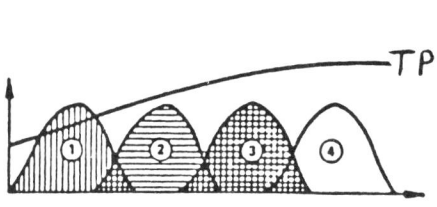 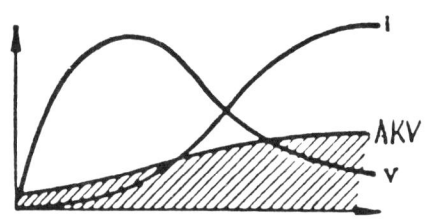

Organisationsform der Belastung nach VERCHOSHANSKIJ (1985, S. 186 und S. 191; i = Intensität, V = Umfang, AKV = Allgemeine konditionelle Vorbereitung, TP = Trainingspotential; 1 = allgemeine Vorbereitung, 2 = Kraftblock, 3 = vertiefte Vervollkommnung der Technik, 4 = spezielle Ausdauer)

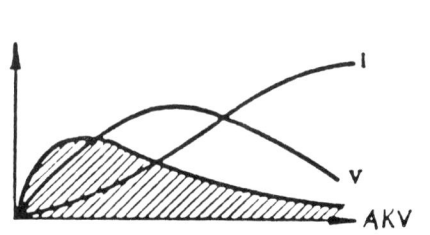

Organisationsform der Belastung nach MATWEJEW (i = Intensität, V = Umfang, AKV = Allgemeine konditionelle Vorbereitung)

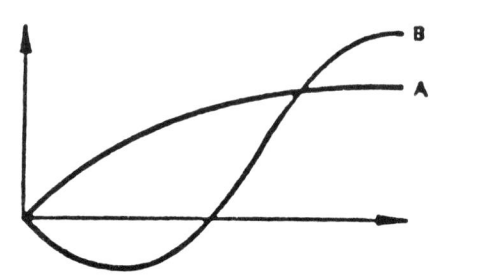

Adaptionsformen des Organismus entsprechend der verwendeten Organisationsform der Belastung (nach VERCHOSHANSKIJ 1985, S. 191; A = Organisationsform der Belastung nach Matwejew, B = Organisationsform der Belastung nach VERCHOSHANSKIJ)

Abbildung 12: Schematische Darstellung der Periodisierungsmodelle und der durch sie hervorgerufenen Verläufe der Anpassung.   (SPIKERMANN 1989, 33–38)

de Intensivierung und Konzentration des Trainings, der zweite Block das konzentrierte Krafttraining. Im dritten Block soll durch verstärktes Technik- und Schnelligkeitstraining eine Übertragung der erhöhten Kraft gewährleistet werden. Der vierte Block ist geprägt durch die massive Anwendung von Trainingsmethoden mit hohem Trainingspotential. Er dient der Verbesserung der schwimmart- und schwimmstreckenspezifischen Ausdauer (siehe Abb. 12). Die beiden Periodisierungsmodelle wenden sich an unterschiedliche Zielgruppen. Während das Matwejew'sche Modell in allen Qualifikationsstufen Anwendung findet, ist das Modell von Verchoshanskij, das eine Weiterentwicklung und eine inhaltliche Differenzierung des Matwejew-Modells darstellt, speziell für den Hochlei-

stungsbereich gedacht. Die Kritik am Periodisierungsmodell von Matwejew bezieht sich v.a. auf den hohen Anteil allgemeiner Trainingsmethoden, deren Übertragbarkeit im Hochleistungsbereich wegen der geringen Adaptationsreserve von Spitzenathleten mit hohem Trainingsalter fraglich ist.

In Abhängigkeit von der Wahl des Periodisierungsmodells muß das Krafttraining konzipiert werden:

(1) Anordnung unterschiedlicher Krafttrainingsinhalte und -methoden im **Matwejew-Modell:**

Vorbereitungsperiode: Allgemein-vorbereitende Etappe

– funktionelle Rumpf- und Schulterkräftigung;
– allgemein-synergistische und antagonistische Übungen;
– primäres Trainingsziel der Querschnittsvergrößerung.

Vorbereitungsperiode: Speziell-vorbereitende Etappe

– speziell-synergistische Übungen;
– primäres Trainingziel der intramuskulären Koordination;
– Beibehalten der funktionellen Rumpf- und Schulterkräftigung;
– mit dem Krafttraining im Wasser beginnen.

Wettkampfperiode:

– speziell-synergistische Übungen;
– primäres Trainingsziel der intermuskulären Koordination durch Krafttraining im Wasser;

(2) Anordnung unterschiedlicher Krafttrainingsinhalte und -methoden im **Verchoshanskij-Modell:**

Erster Block: Allgemeine Vorbereitung:

– funtionelle Rumpf- und Schulterkräftigung;
– allgemein-synergistische und antagonistische Übungen;
– Beseitigung individueller Schwächen im Beweglichkeits- und/oder Kraftbereich.

Zweiter Block: Konzentriertes Krafttraining:

– primäres Trainingsziel: Querschnittsvergrößerung;
– Durchführung von ca.25% des Gesamtumfanges des Krafttrainings im Makrozyklus;
– allgemein-synergistische und antagonistische Übungen;
– speziell-synergistische und antagonistische Übungen;
– Beibehaltung der funtionellen Rumpf- und Schulterkräftigung.

Dritter Block: Konzentriertes Technik- und Schnelligkeitstraining:

– primäres Trainingsziel: Verbesserung der intramuskulären Koordination;
– speziell-synergistische Übungen;
– Beibehaltung der Rumpf- und Schulterkräftigung.

Vierter Block: Verbesserung der speziellen Ausdauer:

– primäres Trainingsziel: Verbesserung der intermuskulären Koordination durch Krafttraining im Wasser;
– Beibehaltung der Methoden zur Verbesserung der intramuskulären Koordination;
– Beibehaltung der Schulter- und Rumpfkräftigung;

Die Auswahl des Periodisierungsmodells muß in Abhängigkeit vom Trainingsalter der Sportler erfolgen. Das Verchoshanskij-Modell sollte erst dann zum Einsatz kommen, wenn die Sportler mindestens 10 Trainingsjahre absolviert haben und durch die bisher verwendete Jahresplanung keine weiteren Leistungssteigerungen mehr erzielt werden können.

Als Trainingsjahre sollten nur die Jahre gerechnet werden, in denen ein Sportler systematisches, leistungssportliches Training durchgeführt hat.

Der Verlauf der sportlichen Form - dargestellt durch die Entwicklung der zu kontrollierenden leistungsrelevanten Fähigkeitsmerkmale - im Makrozyklus ist bei den beiden vorgestellten Planungsmodellen unterschiedlich (siehe Abb. 12). Bei der Belastungsorganisation nach Verchoshanskij fällt besonders das starke Absinken der meisten Fähigkeitsmerkmale in der Etappe des konzentrierten Krafttrainings auf, was zu einer starken Verunsicherung der Sportler führen kann, wenn sie nicht entsprechend informiert wurden.

Beide Planungsmodelle gehen von idealen Trainingsbedingungen aus, d.h. von der Möglichkeit, beliebig viele Trainingseinheiten absolvieren zu können. Für die meisten Sportler und Vereine trifft das nicht zu: Es fehlen die Voraussetzungen, um weitere Leistungsteigerungen durch Erhöhung der Trainingshäufigkeit und/oder des Trainingsumfangs zu erzielen. Aus diesem Grund empfiehlt sich keine Entscheidung für das Verchoshanskij-Modell, vielmehr sollte eine konsequente und angepaßte Anwendung des Matwejew-Modells angestrebt werden. Dabei lassen sich einige Trainingsinhalte quasi als „Hausaufgaben" aus dem Vereinstrainingsbetrieb auslagern u.a. das Beweglichkeitstraining und das Krafttraining.

Die Umsetzung der in der Makro- und Mesostruktur festgelegten Trainingsinhalte in konkrete Anweisungen für den Sportler erfolgt bei der Erstellung von Wochentrainingsplänen (Mikrozyklen), auf deren Grundlage die Trainingseinheiten gestaltet werden.
Oft können trainingsmethodische Grundsätze nicht in vollem Umfang berücksichtigt werden, da die entsprechenden Trainingsbedingungen nicht gegeben sind. Trotzdem sollten die folgen-

den Grundsätze für die Kombination von Trainingsinhalten unterschiedlicher Zielrichtung beachtet werden:
(1) Krafttraining läßt sich gut mit Schnelligkeits- und mit aerobem Ausdauertraining kombinieren. Sollen Kraft und Schnelligkeit in einer Trainingseinheit trainiert werden, dann ist es günstiger, das weniger spezifische Krafttraining an Land nach dem Wassertraining durchzuführen, da für ein wirkungsvolles Schnelligkeitstraining ein ermüdungsfreier Zustand günstig ist. Läßt sich dies aus organisatorischen Gründen nicht einrichten, können diese Trainingsinhalte trotzdem zusammen traininert werden, wenn nach dem Krafttraining ein längeres erholungswirksames Einschwimmen stattfindet.
(2) Die Kombination von Krafttraining und anaerobem Training (Schnelligkeitsausdauer, Stehvermögen) sollte vermieden werden. Ist dieses aus organisatorischen Gründen nicht möglich, sollte auch hier das Krafttraining an Land nach dem Wassertraining erfolgen, nachdem ein langes Ausschwimmen mittlerer Intensität mit hohen Beinarbeit-Anteilen stattgefunden hat.
(3) Kombinationen von Technik- und Schnelligkeitstraining sowie Trainingsformen des Krafttrainings im Wasser sind als besonders günstig anzusehen. Diese Fähigkeitsbereiche lassen sich nicht trennen, da ihre gemeinsame Basis eine zweckmäßige intermuskuläre Koordination ist.
Die Wochentrainingspläne geben die Trainingsinhalte vor, die in den einzelnen Trainingseinheiten durchgeführt werden. Eine **Krafttrainigseinheit an Land** sollte folgendermaßen aufgebaut sein:
(1) Aufwärmen: Laufen, Seilspringen, Fahrradergometer etc.
(2) Dehnung: Es müssen v.a. diejenigen Gelenkfunktionen angesprochen werden, die im anschließenden Kraftteil trainiert werden.
(3) Rumpf-/Schulterkräftigung: Die Kräftigung des Rumpfes und des Schultergürtels (hier: Schulterblattmuskulatur) erfolgt durch Übungen mit dem eigenen Körpergewicht bzw. mit leichten Zusatzwiderständen: Zugseil, Zugapparat, Kurzhanteln.
(4) Hauptteil: Im Hauptteil der Trainingseinheit wird deren Zielstellung durch Einsatz der zutreffenden Übungen und Methoden verwirklicht.
(5) Abkühlen: In diesem Teil der Trainingseinheit folgt die Belastungsnachbereitung. Es werden Dehnübungen durchgeführt, und die Sport-

ler hängen sich an einer Reckstange oder einem Schrägbrett aus oder begeben sich über 1-3 min in die Stufenlagerung („prophylaktische Extension" BRENKE et al. 1985, 58). Die Stufenlagerung ist in Abbildung 13 dargestellt.

Um eine **optimale Regeneration** nach dem Krafttraining zu gewährleisten, sollte die **Belastungsnachbereitung** konsequent durchgeführt werden. Durch das Training mit Zusatzwiderständen (z.B. Gewichte) verlieren die Gelenke und Bandscheiben viel Flüssigkeit und damit Nährstoffe (siehe Abbildung 13). Durch Dehnübungen und durch Aushängen und Stufenlagerung, kommt es zu einen verstärkten Flüssigkeit- und Nährstoffeinstrom. So wird Mangelzuständen mit nachfolgenden degenerativen Erscheinungen vorgebeugt und eine raschere Wiederherstellung gewährleistet.

Abbildung 13: Beschleunigte Flüssigkeits- und Nährstoffaufnahme der Bandscheiben durch Extension. (BRENKE; DIETRICH; BERTHOLD 1985)

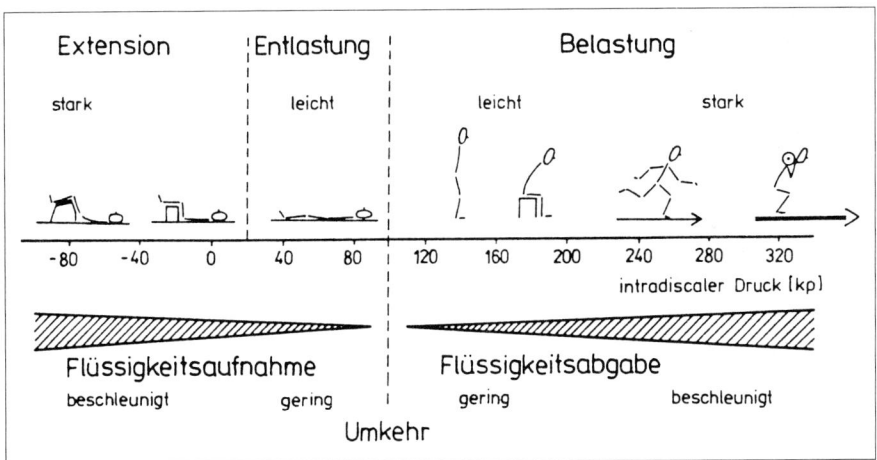

Unabhängig vom Einsatz der Dehnübungen in Krafttrainingseinheiten sollte der Sportler mehrmals pro Woche Dehnübungen durchführen. Wahrscheinlich läßt sich Beweglichkeit nur dann wesentlich zu steigern, wenn Dehnübungen täglich durchgeführt werden.

Eine Befragung der Schwimmerinnen der Damennationalmannschaft des Deutschen Schwimmverbandes zeigte, daß der größte Teil der Schwimmerinnen mindestens einmal täglich Dehnübungen durchführt.

Die Häufigkeit des Krafttrainings richtet sich in erster Linie nach der Hauptwettkampfstrecke. Mittel- und Langstreckler sollten in der allge-mein-vorbereitenden Etappe der Vorbereitungsperiode drei Krafttrainigseinheiten pro Woche durchführen und in der speziell-vorbereitenden Etappe zwei Einheiten. Sprinter sollten in der allgemein-vorbereitenden Etappe vier bis fünf und in der speziell-vobereitenden Etappe drei bis vier Krafttrainingseinheiten pro Woche durchführen.

Wird innerhalb eines Wochenzyklusses mehr als zweimal Krafttraining durchgeführt, empfiehlt sich die Anwendung der sog. Split-Methode: Verschiedene Körperbereiche werden in verschiedenen Trainingseinheiten trainiert. Beispiele:

(1) für drei Trainingseinheiten pro Woche:
Erste Trainingseinheit: Brust-, Rücken-, Schul-
termuskulatur
Zweite Trainingseinheit: Bein- und Armmusku-
latur
Dritte Trainingseinheit: Alle Körperbereiche
(2) für vier Trainingseinheiten pro Woche:
Erste Trainingseinheit: Brust-, Rücken-, Schul-
termuskulatur
Zweite Trainingseinheit: Bein- und Armmusku-
latur
Dritte Trainingseinheit: Brust-, Rücken-, Schul-
termuskulatur
Vierte Trainingseinheit: Bein- und Armmusku-
latur

6.2 Krafttraining im Nachwuchsbereich:

Die Gefahr der Schädigung von Kindern durch
ein zu früh aufgenommenes Krafttraining wird
allgemein sehr hoch eingeschätzt und ist z.T.
auch begründet. Wissenschaftliche Erkenntnis-
se, die diese Bedenken stützen, stammen aber
größtenteils aus einer Zeit, als Krafttraining in
vielen Sportarten, der weitgehenden Übernahme
von Übungen und Methoden aus dem Gewicht-
hebertraining entsprach.
Grundsätzlich besteht die Gefahr einer Schädigung aufgrund der Tatsache, daß der wachsende
Organismus sehr viel reizempfindlicher ist als
ein ausgewachsener (Jansen'sches Gesetz). Reize, die für einen ausgewachsenen Organismus
funktionell wirken, können einen wachsenden
Organismus schädigen. FOMIN/ FILIN (1975)
weisen darauf hin, daß die zu frühe Anwendung
von hohen Zusatzlasten die Verknöcherung
beschleunigt und zu Deformationen des Stütz-
und Bewegungsapparates führen kann.
Auf der anderen Seite sollte man bedenken, daß
auch beim Spielen - z.B. Reiterkämpfe, auf Bäu-
me klettern, von Mauern springen - erhebliche
Belastungen auftreten. Im Reiterkampf bewegt
ein Kind sein eigenes und das Gewicht seines
Mitspielers. Läßt man ein Kind einen Klimmzug
machen, so muß es sein gesamtes Körpergewicht
hochziehen, für das Nackenziehen an einem
Zugapparat kann man Gewichtsbelastungen
wählen, die kleiner als das Körpergewicht sind.
Das macht deutlich, daß einer undifferenzierte
Ablehnung von Krafttraining im Kindesalter
nicht zuzustimmen ist. Es müssen jedoch alle
Übungen abgelehnt werden, bei denen Gewichte

vom Boden aufgenommen bzw. über den Kopf
gehoben werden.
Grundsätzlich sollte mit der funktionellen
Rumpfkräftigung so früh wie möglich begonnen
werden. Im zweiten Schritt lassen sich Übungen
mit dem Zugseil und **Übungen mit dem eigenen
Körpergewicht** in das Krafttraining aufnehmen.

Übungssammlung: Krafttraining mit dem eigenen Körpergewicht

Zielstellung: Vorbereitung auf das Krafttraining mit Zusatzgewichten

Hinweis: Die nachfolgend dargestellten Übungen eignen sich für das Nachwuchstraining ebenso wie für das Leistungstraining. Sie können als eigenständiges Programm in Erweiterung des unter 5.1 dargestellten Rumpf- und Schulterstabilitätsprogramms durchgeführt werden, eignen sich aber ebenso als Teil des Aufwärmens vor einem Training an Geräten oder mit Gewichten.

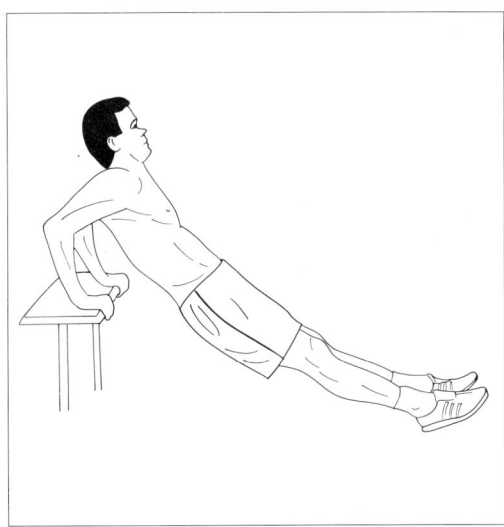

1. „Liegestütz rücklings" (15 – 20 x)

2. „Liegestütz" (15 – 20 x)

Wichtig: Der ganze Körper muß durch Anspannen der Bauch- und Gesäßmuskulatur in der Körperlängsachse ausgerichtet werden. Die Schulterblätter müssen immer am Rumpf anliegen.

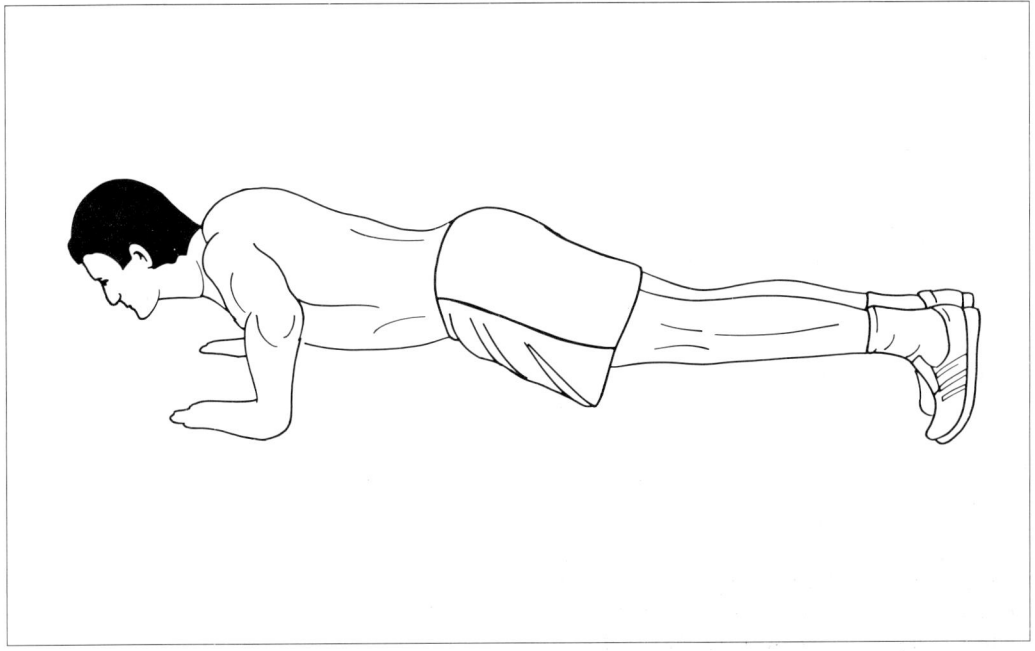

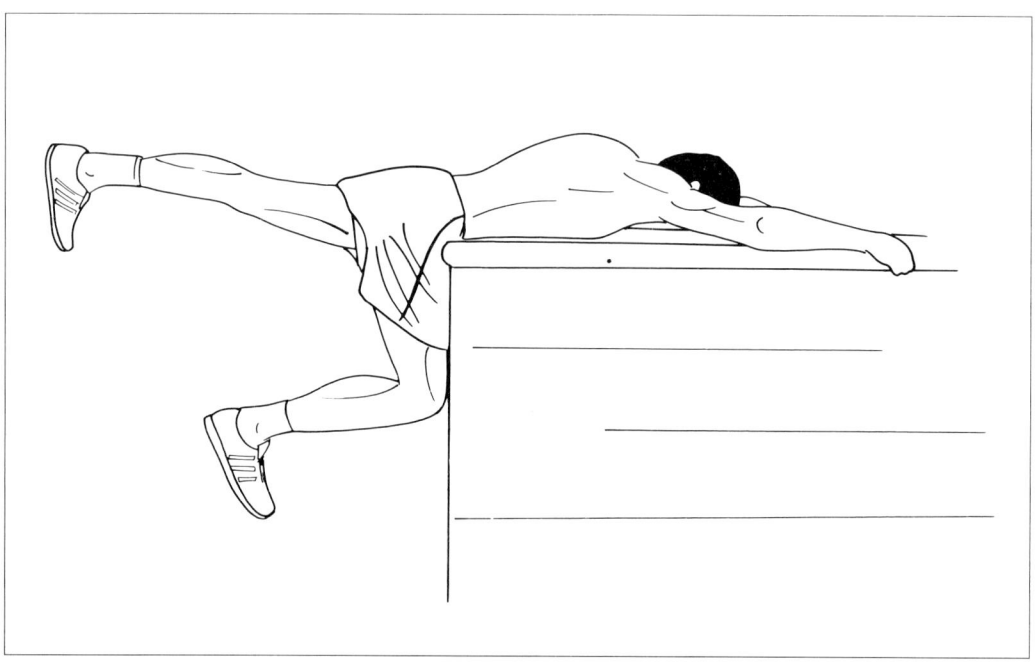

3. „Beinheben" (jeweils 10 – 15 x)

Ausführung: Das Bein durch Streckung im Hüft- und Kniegelenk in eine horizontale Stellung heben und kurz dort halten.

3.1 „ Beinheben" (10 – 15 x)

Ausführung: Siehe 3., jedoch beidbeinig

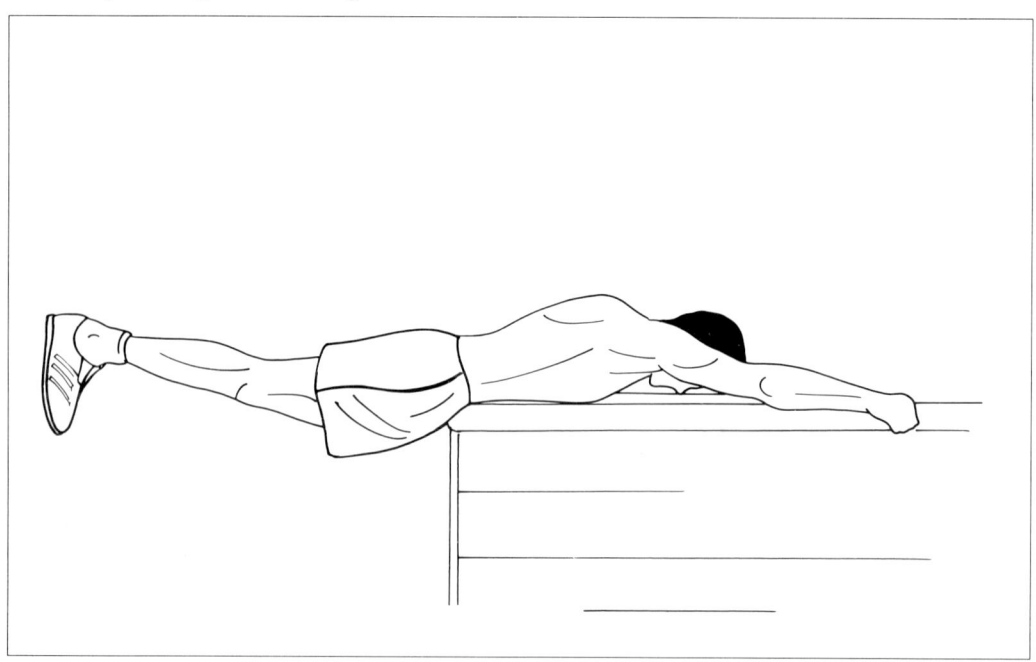

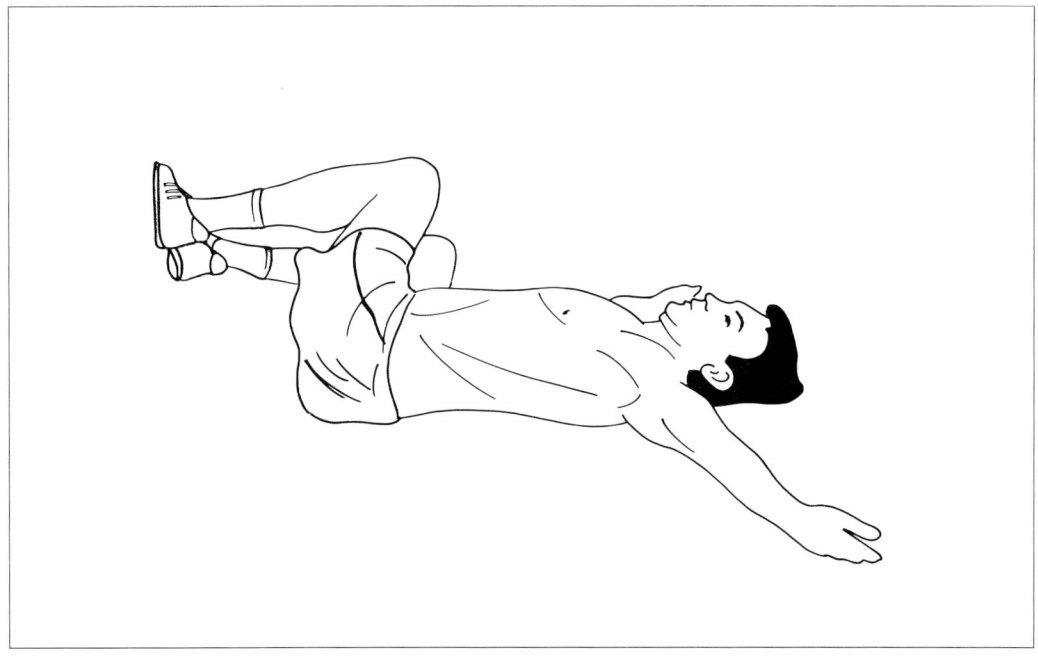

4. „Beindrehen" (10 – 15 x)

Wichtig: Die Schultern müssen ständig auf der Unterlage fixiert bleiben.

5. „Beinheben liegend" (jeweils 10 – 15 x)

Ausführung: Das im rechten Winkel gebeugte Bein vom Boden abheben und kurz halten.

5.1 „Beinheben liegend" (10 – 15 x)

Ausführung: Siehe 5., jedoch beidbeinig

6. „Aufrichten aus der Seitenlage" (jeweils 15 x)

Hinweis: Aufgerolltes Handtuch in die Taille legen

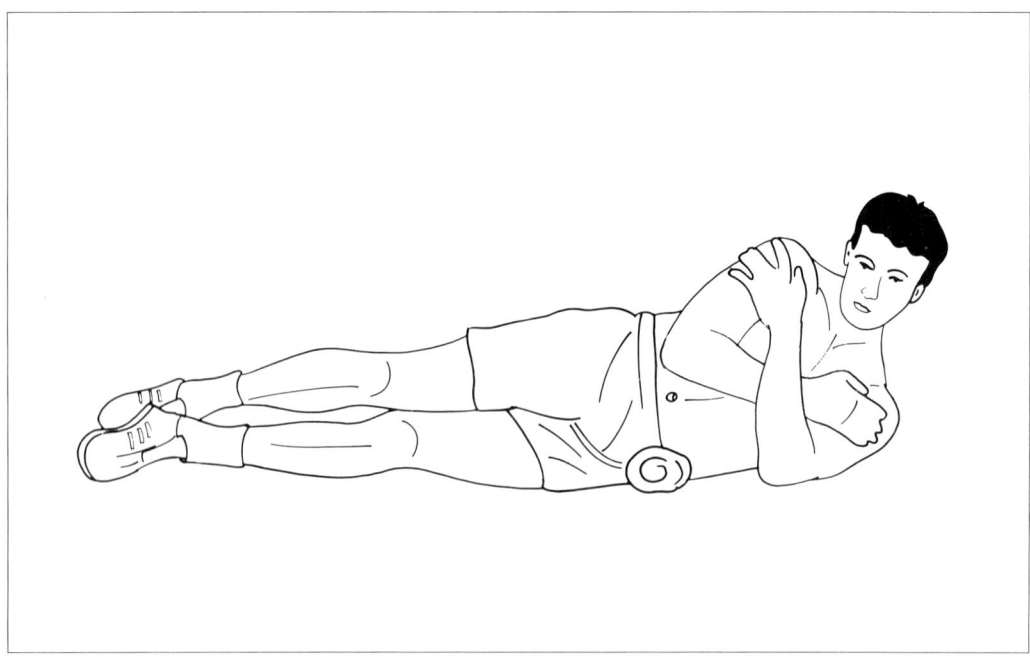

7. „Aufrichten aus der Bauchlage" (15 – 20 x)

Ausführung: Kopf und Schultern vom Boden abheben; Ellenbogen möglichst weit nach oben ziehen.

8. „Fersenheben beidbeinig" (30 x)

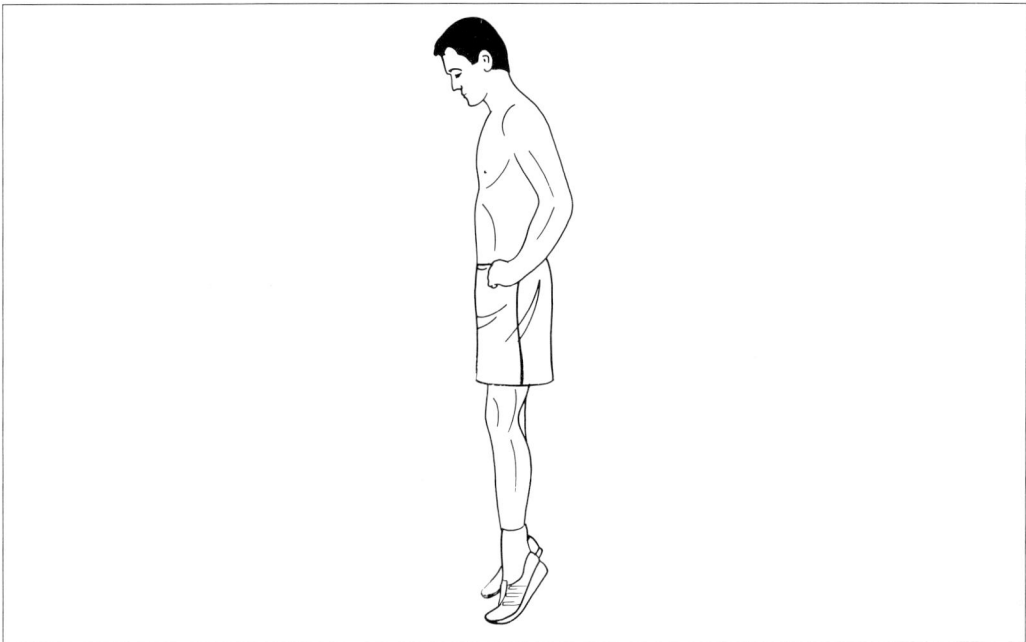

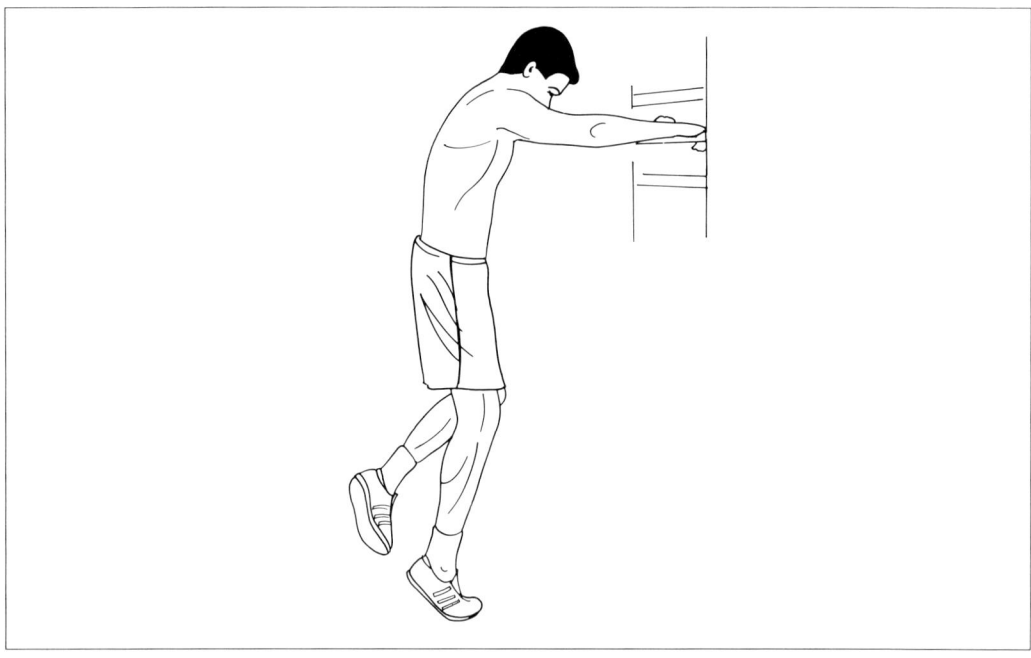

8.1 „Fersenheben einbeinig" (jeweils 10 – 15 x)

9. „Fußspitzenheben" (30 x)

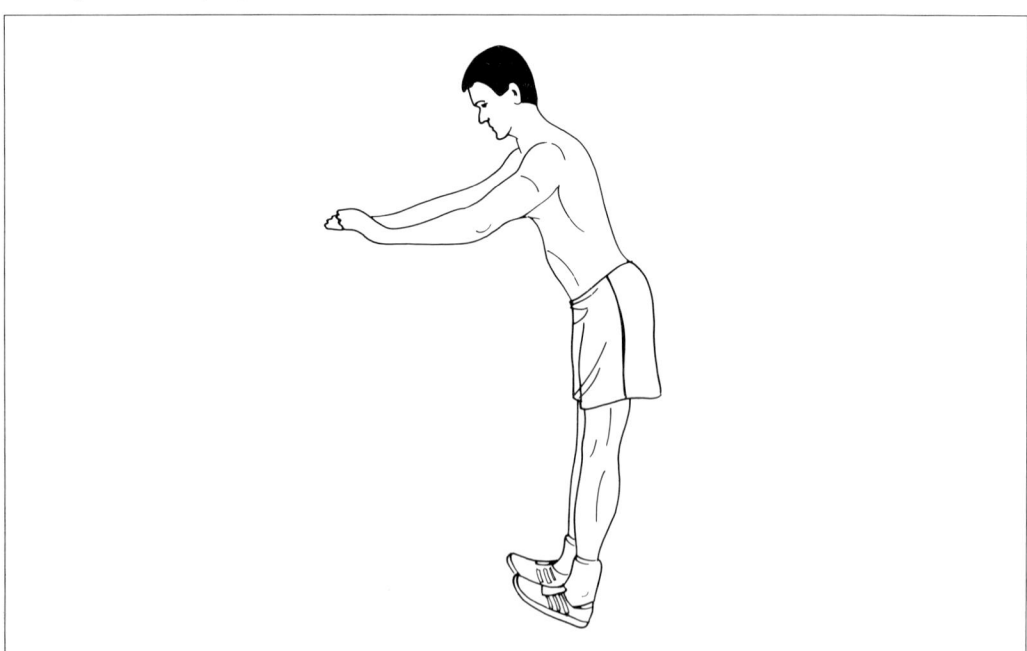

10. „Kniebeuge" (30 x)

Ausführung: Rücken gerade (kein Hohlkreuz, kein Rundrücken); abhocken bis die Oberschenkel sich in einer horizontalen Stellung befinden.

10.1 „Einbeinige Kniebeuge" (10 – 15 x)

10.2 „Variante"

11. „Erweiterte Kniebeuge (15 – 20 x)

Ausführung: Absenken des Oberkörpers bis die Hände die Fersen berühren; die Hüfte bleibt gestreckt; auf den Fußspitzen bleiben.

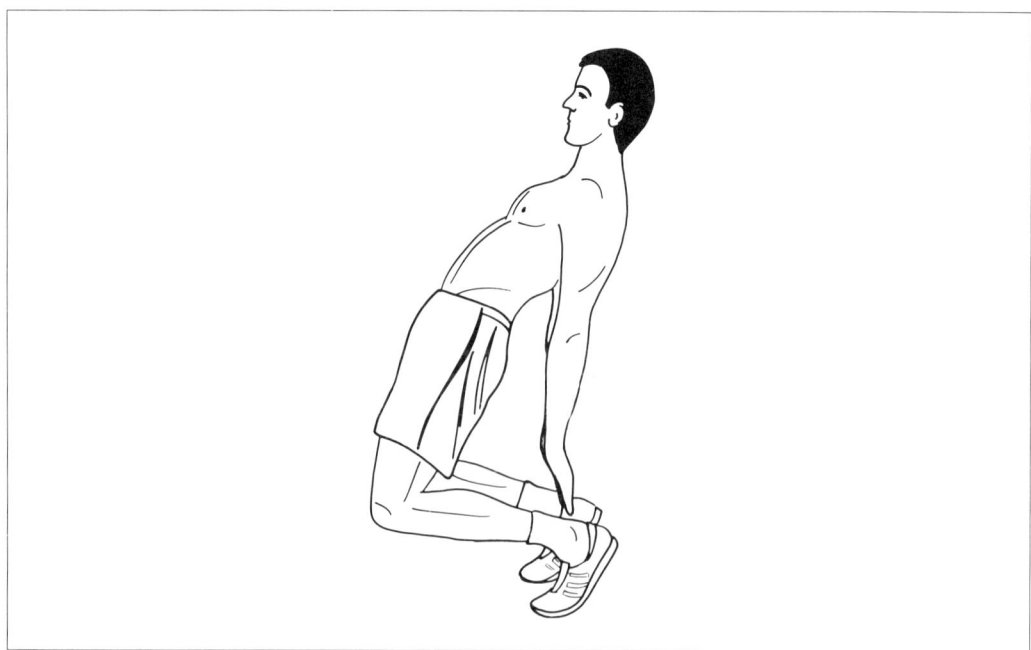

6.3 Trainingskontrolle

Neben einer gründlichen Planung ist eine ständige **Kontrolle des Trainings** unabdingbare Voraussetzung für die Trainingssteuerung. Neben leistungsdiagnostischen Maßnahmen, die an den Stützpunkten durchgeführt werden, sollte jeder Trainer Tests durchführen, die ihm Informationen über die augenblickliche Ausprägung der angesteuerten Fähigkeitsmerkmale liefern. Um zu gewährleisten, daß die Testresultate vergleichbar sind, müssen die Tests unter gleichbleibenden (standardisierten) Bedingungen durchgeführt werden. Aus diesem Grund ist es empfehlenswert, sog. **Kontrollmikrozyklen** in die Periodisierung einzuplanen. Sie bestehen aus einem festen Programm und laufen immer in der gleichen Reihenfolge ab. Oft reichen sehr einfache Tests, z.B. Standardserien, aus, um wertvolle Informationen zu erhalten. Nachfolgend werden für die Überprüfung leistungsrelevanter Fähigkeitsmerkmale aus den Bereichen Kraft und Beweglichkeit Testverfahren vorgestellt, die ohne großen apparativen Aufwand durchgeführt werden können.

(1) Beweglichkeit:

Unter 4.1 wurden die leistungsrelevanten Beweglichkeitsmerkmale dargestellt, die durch entsprechende Dehnübungen im Beweglichkeitstraining vorrangig angesteuert und deren Ausprägung auch regelmäßig kontrolliert werden sollte. Mit Hilfe einer Sofortbildkamera können die entsprechenden Positionen festgehalten werden. Anhand der Fotographien können die Gelenkwinkel bestimmt werden. Die erzielten Ergebnisse können individuell und innerhalb der Trainingsgruppe geschlechts- und schwimmartspezifisch verglichen werden.

(2) Kraft:

Es ist zweckmäßig, an denjenigen im Krafttraining verwendeten Geräten Tests durchzuführen, die eine genaue Belastungsfestlegung ermöglichen. Hierbei ist es nicht unbedingt notwendig, sog. Maximaltests durchzuführen. Anhand der Tabelle 1 läßt sich mit Hilfe des Wiederholungsmaximums die Maximalleistung ausreichend genau abschätzen und die Belastung für das weitere Training festlegen.

Ergänzend und für den Fall, daß keine Geräte vorhanden sind können auch folgende Übungen mit dem eigenen Körpergewicht herangezogen werden, um die Ausprägung der Kraft in der betreffenden Muskelschlinge abzuschätzen:

Klimmzüge aus dem Streckhang, schulterbreiter Ristgriff, Hüfte gestreckt, Beine leicht angebeugt, Füße überkreuzt: Registriert wird die maximale Anzahl der Wiederholungen, bei denen ohne Hüftbeugung das Kinn über die Stange gebracht werden kann.

Schulterbreiter Liegestütz, Kopf in Verlängerung der Körperlängsachse, vollständige Hüftstreckung, kein Hohlkreuz: Registriert wird die maximale Anzahl der Wiederholungen in der oben beschriebenen Position, bei denen die Arme so weit gebeugt werden, daß die Brust den Boden leicht berührt.

Vergleichswerte für diese beiden Übungen, die sich auch als Tests für Nachwuchsschwimmer eignen, sind in der Tabelle 2 zusammengefaßt.

Tabelle 1: Abschätzung der Maximalleistung anhand der maximalen Wiederholungszahl

Maximale Wiederholungszahl	Prozent der Maximalleistung
1	100,0
2	94,3
3	90,6
4	88,1
5	85,6
6	83,1
7	80,7
8	78,6
9	76,5
10	74,4
11	72,3
12	70,3
13	68,8
14	67,5
15	66,2
16	65,0
17	63,9
18	62,7
19	61,6
20	60,6

Berechnung der Maximalleistung: Mit Hilfe dieser Tabelle ist es möglich die Maximalleistung zu bestimmen. Hierzu müssen das bewältigte Gewicht und der aus der Tabelle abgelesene Prozentwert in folgende Formel eingesetzt werden:

Bewältigtes Gewicht / Abgelesener Prozentwert • 100

Beispiel: Ein Schwimmer schafft 20 Wiederholungen mit 50 kg. Dieses Gewicht entspricht laut Tabbelle 60,6 % seines Maximalgewichts. Setzt man diese Werte in die o. g. Formel ein,

50 kg / 60,6 % • 100 % = 82,5 kg

erhält man das Gewicht, das der Schwimmer einmal bewältigen kann. Hierdurch ist es möglich die Belastung für das weitere Training festzulegen, ohne daß ein Verletzungsrisriko durch einen Maximaltest eingegangen wird.

(nach POLIQUIN 1987, 129 – 130)

Tabelle 2: Beurteilung der maximalen Wiederholungszahl beim Klimmziehen und bei Liegestützen

Nachwuchsschwimmer:

	sehr gut		gut		zufriedenstellend	
Klimmzüge:	14	8	10	6	8	4
Liegestütze:	50	40	35	30	28	25

Leistungsschwimmer:

	sehr gut		gut		zufriedenstellend	
Klimmzüge:	20	12	16	8	12	5
Liegestütze:	80	55	60	40	45	25

Anmerkung: Die jeweils erste Zahl gilt für Schwimmer, die zweite für Schwimmerinnen.

(nach WAIZECHOWSKIJ 1976)

Die beiden folgenden Tests eignen sich für alle Leistungsbereiche:

Bauchmuskeltest (Abbildung 14):
Ausgangsposition ist die Rückenlage mit gebeugten Beinen, der Kniewinkel beträgt 90 Grad. Aus dieser Position werden ohne Schwung zunächst Kopf, dann Schultern und zuletzt der gesamte Oberkörper bis zur vollständigen Aufrichtung angehoben. Gelingt dieses mit den Arme in der Tiefhalte, wird ein Punkt vergeben. Gelingt es mit den Armen in der Vorhalte, gibt es zwei Punkte, und drei Punkte bekommt derjenige, der es mit den Armen in Nackenhalte schafft.

Rückenmuskeltest:
Ausgangsposition ist die Bauchlage auf einem hüfthohen großen Kasten (o.ä.), die Arme sind nach vorne gestreckt und umfassen den Kastenrand. Der Oberkörper befindet sich soweit auf dem Kasten, daß die Hüfte nicht mehr aufliegt; die Beine sind im Hüft- und Kniegelenk angewinkelt. Aus dieser Position werden die Beine nach hinten gestreckt, so daß sie sich in einer horizontalen Stellung befinden. Es wird die Zeit gemessen, in der die Beine in dieser Stellung gehalten werden.

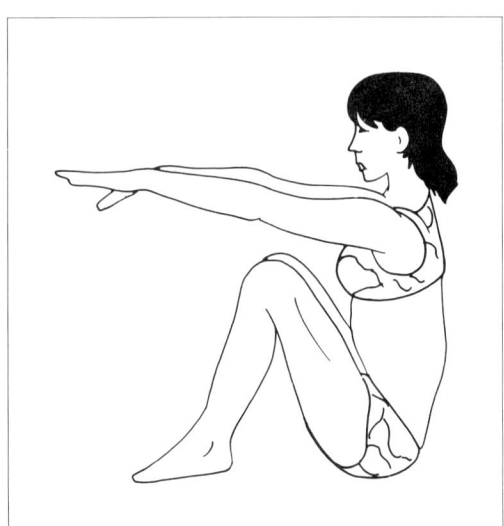

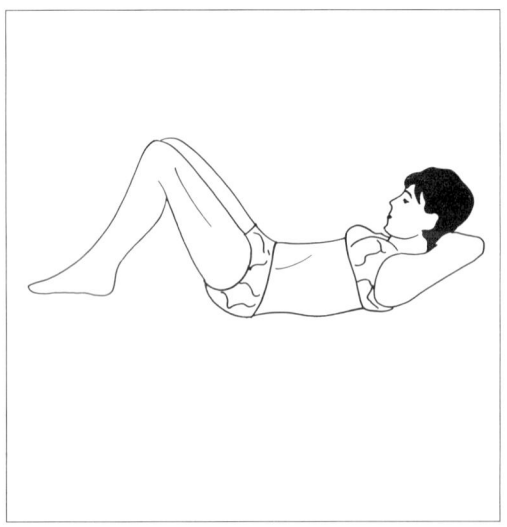

Die o.g. Tests erfassen relativ begrenzte Muskelbereiche. Um die schwimmspezifische intermuskuläre Koordination zu kontrollieren, ist es notwendig, die Schwimmbewegungen möglichst
exakt zu simulieren, was am Land nicht möglich
ist (vgl. 5.2). Durch das sog. angebundene
Schwimmen (Abbildung 15) ist es möglich, die
maximalen Kraftbeträge beim Schwimmen in
der Gesamtbewegung und in den Teilbewegungen zu erfassen. Durch die Bildung des sog.
Koordinationskoeffizienten (Kraft erzielt in der
Gesamtbewegung / Kraft Arme + Kraft Beine)
ist es möglich, eine individuelle Empfehlung für
das weitere Training auszusprechen.

Abbildung 15: Angebundenes Schwimmen: Die beim Schwimmen erzeugten Kraftbeträge werden
mit einer Kraftmeßvorrichtung (Dehnungsmeßstreifen) registriert und mit einem Schreiber aufge-
zeichnet.

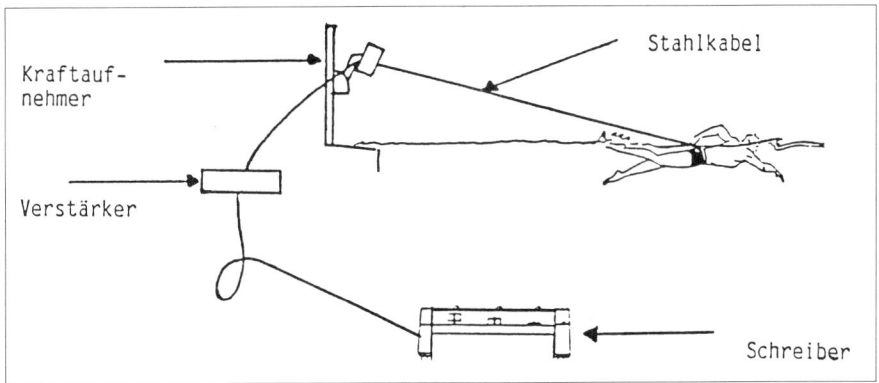

Erreicht ein Schwimmer einen hohen Koordinationskoeffizienten (>0,9), so ist er in der Lage,
den größten Teil des Antriebspotentials aus den
Teilbewegungen in die Gesamtbewegung einzu-
bringen. Das gilt als Ergebnis der wirkungsvol-
len intermuskulären Koordination. Dieser
Schwimmer sollte für eine weitere Verbesserung
den Anteil der Einzelarbeit am Gesamttrainings-
umfang erhöhen. Ein kleiner Koordinationskoeffizienten (<0,9) zeigt, daß nur ein geringer Teil
des Antriebspotentials aus den Einzelbewegun-
gen in die Gesamtbewegung einfließen. Dieser
Schwimmer sollte mithilfe von Technikübungen
und Schwimmen in der Gesamtbewegung den
Wirkungsgrad erhöhen. Grundsätzlich sind bei
Eintritt in die Wettkampfperiode hohe Koordi-
nationkoeffizienten anzustreben.

Steht keine Anlage für das angebundene Schwimmen zur Verfügung, kann die intermuskuläre Koordination hilfsweise durch Tests auf der biokinetischen Schwimmbank abgeschätzt werden.

Folgende Tests bieten sich an:

(1) Maximalversuch auf der Stufe 0 (bester aus drei Versuchen)

(2) Zehn Züge auf Stufe 0. Der Betrag der geleisteten Arbeit soll möglichst nahe an den zehnfachen Betrag des Maximalsversuch heranreichen.

(3) Maximalversuch auf Stufe 1 (bester aus drei Versuchen)

(4) Zehn Züge auf Stufe 1. s.o.

Diese Tests eigenen sich mit den unter 2.1.2.2 genannten Einschränkungen für das Abschätzen der intermuskulären Koordination in den Schwimmarten Kraul, Delphin und Rücken. Für das Brustschwimmen ist das Ziehen auf der Schwimmbank ungeeignet (siehe Lichtspuraufnahmen in Abb. 1).

Die o.g. Tests ermöglichen über den Vergleich mit Orientierungswerten oder über den individuellen Vergleich eine Kontrolle des Beweglichkeits- und Kraftniveaus und damit eine Lenkung des weiteren Trainings. Die längere regelmäßige Durchführung ermöglicht, Sollwerte für kommende Makrozyklen aufzustellen. Regelmäßiges Testen und die Bekanntgabe der erzielten Ergebnisse in Form von Tabellen u.ä. erhöhen zudem erheblich die Trainingsmotivation. Die Schwimmer können ihre Trainingsfortschritte oder -rückschritte beurteilen und so klare Zielstellungen für das weitere Training festgelegen.

Literaturverzeichnis:

APPEL, H.-J.: Mechanismen und Grenzen des Muskelwachstums. In: Kölner Beiträge zur Sportwissenschaft 12, Jahrbuch der Deutschen Sporthochschule Köln 1983. St. Augustin 1983, S. 7–18.

BARTHELS, K. M.; ADRIAN, M. J.: Three-Dimensional Spatial Hand Patterns of Skilled Butterfly Swimmers. In: LEWILLIE, L. et al. (Eds.): Swimming II. Baltimore 1975, S. 154–160.

BECKER, T.: Components of a Dryland Exercise Program for Injury Prevention. In: TROUP, J.; REESE, R.: A Scientific Approach to the Sports of Swimming. Gainesville 1983, S. 174–210.

BRENKE, H.; DIETRICH, L.; BERTHOLD, F.: Trainingsmethodische Hinweise zur Vermeidung von Schäden am Stütz- und Bewegungsapparat. Medizin und Sport 25 (1985) 2; S. 57–62.

BÜHRLE, M.: Dimensionen des Kraftverhaltens und ihre spezifischen Trainingsmethoden. In: Bührle, M. (Hrsg.): Grundlagen des Maximal- und Schnellkrafttrainings. Schorndorf 1985, S. 82–112.

FELD, R.; THIERER, R.; WILKE, K.: Der Einfluß der Seitbewegung der Hand beim Kraularmzug auf den Vortrieb – Eine Untersuchung der hydrodynamischen Wirkung des Kraularmzuges. Beiheft zu Leistungssport: Sportschwimmen. Berlin 1978, S. 4–30.

FOMIN, N. A; FILIN, W. P.: Altersspezifische Grundlagen der körperlichen Erziehung. Schorndorf 1975.

HARTMANN, J; TÜNNEMANN, H.: Modernes Krafttraining. Berlin 1986.

HOPPER, R.; HADLEY, C.; PIVA, M.; BAMBAUER, B.: Measurement of Power Delivered to an External Weight. In: HOLLANDER, P. et al. (Eds.): Biomechanics and Medicine in Swimming. Champaign 1983, S. 113–120.

METWEJEW, L. P.: Grundlagen des sportlichen Trainings. Berlin 1981.

PAMPUS, B.: LEHNERTZ, K.; MARTIN, D.: Die Wirkung unterschiedlicher Belastungsintensitäten auf die Entwicklung von Maximalkraft und Kraftausdauer. Leistungssport 4 (1989), S. 5–10.

POLIQUIN, C.: Strength Training for Elite Athletes. In: ASCA-World Clinic Yearbook. Las Vegas 1987, S. 129–139.

REISCHLE, K.: Biomechanik des Sportschwimmens. Bockenem 1988.

SALE, D. G.: Neural Adaptation to Strength Training. Swimming Technique, February–April 1989, S. 21–27.

SAZIORSKI, W. M.: Biomechanische Grundlagen der Ausdauer. Berlin 1987.

SCHLEIHAUF, R. E.: A Hydrodynamic Analysis of Swimming Propulsion. In: TERAUDS, J. et al. (Eds.): Swimming III. Baltimore 1979, S. 70–117.

SCHMIDTBLEICHER, D.: Motorische Beanspruchungsform Kraft. Deutsche Zeitschrift für Sportmedizin (1987) 9; S. 356–376.

SCHMIDTBLEICHER, D.: Zum Problem der Definition des Begriffs der Kraftausdauer. In: CARL, K. et al. (Hrsg.): Kraftausdauertraining: Dokumentation des Hearings des Bundesinstituts für Sportwissenschaften und der Universität Dortmund. Köln 1989, S. 10–30.

SCHNELL, J.: Training. Athletic (1986) 2; S. 51–53.

SCHRAMM, E. et al.: Sportschwimmen, Berlin 1987.

SPIKERMANN, M.: Der Einsatz einer neuen Organisationsform der Belastung im Hochleistungssport. Leistungssport (1989) 1; S. 33–38.

TAUCHEL, U.; MÜLLER, B.: Untersuchungen zu Muskelfunktionsstörungen im Kindesalter und die Bedeutung des arthromuskulären Gleichgewichts für die sportliche Belastung. Medizin und Sport 26 (1986) 4; S. 120–125.

THIESS, G.; SCHNABEL, G.: Grundbegriffe des Trainings. Berlin 1986.

TITTEL, K.: Funktionell-anatomische und biomechanische Grundlagen für die Sicherung des „arthro-muskulären Gleichgewichts" im Sport, ein Beitrag zur Erhöhung der Belastbarkeit bindegewebiger Strukturen (1986) 1; S. 2–4.

TROUP, J; REESE, R.: A Scientific Approach to the Sport of Swimming. Gainesville 1983.

WAIZECHOVSKI, S. M.; ABSALJAMOV, T. M.; SAIGIN, M. I.: Das Problem der Vervollkommnung des Krafttrainings qualifizierter Schwimmer. Plavanje (1983) 1. Übersetzt aus dem Russischen von P. Tschiene.

WEINECK, J.: Optimales Training. Erlangen 1983.

WERCHOSHANSKI, J. W.: Effektiv trainieren. Berlin 1988.

WILKE, K.; MADSEN, Ö.: Das Training des Jugendlichen Schwimmers. Schorndorf 1983.

WOOD, T. C.: A Fluid Dynamic Analysis of the Propulsive Potential of the Hand and Forearm in Swimming. In: TERAUDS, J. et al. (Eds.): Swimming III. Baltimore 1979, S. 62–69.